MONDPHASEN
GYMNASTIK

Das 28-Tage-Programm für Fitneß und Vitalität

Die Deutsche Bibliothek –
CIP-Einheitsaufnahme

Mondphasen-Gymnastik :
das 28-Tage-Programm für Fitness und
Vitalität / Petra Berchtold.
[Fotos: Ulli Seer. Zeichn.: Gerhard Berchtold ;
Daniela Farnhammer]. – München ; Wien ;
Zürich : BLV, 1997
    ISBN 3-405-15055-8
NE: Berchtold, Petra; Seer, Ulli

Demonstration der Übungen
Petra Berchtold · Brigitte Görlich
Gerhard Berchtold

Bildnachweis
Titelfoto: Ulli Seer und Bavaria-Bildagentur
Fotos: Ulli Seer
Zeichnungen: Gerhard Berchtold,
Daniela Farnhammer

Lektorat: Karin Steinbach
Satz & Layout: Atelier Steinbicker, München
Umschlaggestaltung: Ute Dissmann
Herstellung: Friedrich Wilhelm Bonhagen

**BLV Verlagsgesellschaft mbH
München Wien Zürich
80797 München**

© BLV Verlagsgesellschaft mbH,
München 1997

Lithos: Repro Ludwig, Zell am See
Druck: Passavia Passau
Bindung: Conzella, Pfarrkirchen
Gedruckt auf chlorfrei gebleichtem Papier

Printed in Germany · ISBN 3-405-15055-8

Petra Berchtold,
Jahrgang 1954, war von Jugend an eng
mit dem Sport verbunden. Nach ihrer
sportlichen Laufbahn als Mitglied der
Nationalmannschaft im Kunstturnen und
ihrer Teilnahme an der Olympiade 1968
in Mexiko absolvierte sie die Ausbildung
zur staatlich geprüften Sportlehrerin an
der Technischen Universität München.
Danach war sie viele Jahre als Landes-
trainerin in Bayern und Bundestrainerin
im Deutschen Turner-Bund tätig. In den
letzten Jahren widmete sie ihre Auf-
merksamkeit vor allem dem Sport unter
Gesundheitsaspekten: Unter diesem
Motto unterrichtet sie als freiberufliche
Referentin an verschiedenen Volks-
hochschulen.

Inhalt

Vorwort

Unser hochtechnisiertes Zeitalter bedingt den Trend, daß sich viele Menschen auf die natürlichen Rhythmen und Kräfte, die in uraltem Wissen begründet sind, zurückbesinnen. Im Bewußtsein, daß sie allein die Macht über sich und ihren Körper sowie ihr seelisches und körperliches Wohlbefinden besitzen, begeben sich diese Menschen auf die Suche nach Möglichkeiten und Hilfsmitteln. Dieses Buch soll als Leitfaden für ein Fitneßtraining dienen, das den Körper, den Geist und die Seele gezielt mit dem Rhythmus der Natur in Einklang bringt.

Es ist bekannt, daß der Mond einen starken Einfluß auf Menschen, Tiere und Pflanzen ausübt. Diese Erkenntnis auch bei körperlichem Fitneßtraining einzusetzen ist bisher weitgehend vernachlässigt worden.

Wir Menschen besitzen alle Kräfte und Fähigkeiten in uns. Wir allein können unser Leben in die Richtung lenken, die Wohlbefinden für Körper, Geist und Seele ermöglicht. Wir müssen wieder lernen, in absoluter Selbstverantwortung zu leben. Kein anderer kann unser Leben für uns leben!

Unser Körper ist keine Maschine, die pausenlos auf höchster Stufe laufen kann. Unser Körper braucht entsprechende Pflege und Hege, denn er ist unser höchstes Gut.

Daher ist es sinnvoll, an den Tagen wirkungsvoll zu arbeiten, die in den Mondphasen günstig für unser Wohlbefinden sind, und im Einklang mit der Natur entsprechend zu rasten und sich zu erholen.

Erwarten Sie nicht, daß dieses Buch Ihnen die Arbeit abnimmt. Sie müssen selbst und vor allem regelmäßig etwas für Ihre Fitneß tun.

Nehmen Sie die Vorschläge auf – betrachten Sie die Übungsauswahl als Anregung und lassen Sie ruhig eigene Erfahrungen, Vorstellungen und Ideen einfließen.

Bewußt den eigenen Körper erleben, wahrnehmen und entwickeln kann vorbeugend wirken, negative Einflüsse fernhalten und helfen, unsere Selbstheilungskräfte zu aktivieren und zu mobilisieren.

Petra Berchtold

Einführung

Medizinische Erkenntnisse belegen, daß Körper, Geist und Seele eine Einheit bilden. Es genügt demnach nicht, nur einen Teilbereich zu benützen und zu schulen. Am sinnvollsten ist es, alle positiv auf den Körper wirkenden Maßnahmen in einer Übungseinheit anzuwenden. Gemeint ist hiermit,

- das Wissen um den Mondrhythmus und dessen natürlichen Einfluß auf unseren Körper eigenverantwortlich anzuwenden,
- die richtige physiologische Atmung im alltäglichen Leben und insbesondere bei sportlichen Aktivitäten zu beachten,
- die wohltuende Wirkung von gymnastischen Übungen zu erfahren,
- durch Akupressur den Energiefluß der Meridiane zu mobilisieren,
- durch positives Gedankengut unser Wohlbefinden zu erhalten und sogar die gesundheitliche Situation zu verbessern.

Inhaltliche Gestaltung einer Übungseinheit

1. Trainingsphase		
Einleitung:	Atmung	(ca. 10 Min.)
2. Trainingsphase		
Körpertraining:	Gymnastik	(ca. 20 Min.)
3. Trainingsphase		
Aktivierung:	Akupressur	(ca. 10 Min.)
4. Trainingsphase		
Ausklang:	positives Denken	(ca. 10 Min.)

Anwendungszeitraum

Trainieren Sie jeden zweiten oder dritten Tag, wenn der Mond in ein neues Tierkreiszeichen eintritt. Konstant über mehrere Monate durchhalten!

Tips vor dem Start

Starten Sie das Trainingsprogramm, nachdem Sie sich mit der Idee dieser neuartigen Gymnastikform eingehend vertraut gemacht haben. Anfangs werden Sie die Übungen noch des öfteren im Buch nachschlagen müssen. Nach einiger Zeit jedoch sind sie schon in Fleisch und Blut übergegangen. Und vielleicht fallen Ihnen sogar noch eigene Übungen ein.

Und so wird's gemacht

- Nehmen Sie sich 45 Min. Zeit.
- Kleiden Sie sich bequem und leger. Warme Wollsocken ersetzen die Turnschuhe. Verwenden Sie für Ihre Fitneßkleidung Naturfasern, z. B. Baumwolle. Kleidungsstücke aus Kunstfasern, die eng am Körper anliegen, bilden kalten Schweiß.
- Legen Sie sich als Unterlage eine Isomatte parat. Ferner benötigen Sie ein kleines Kissen oder eine Nackenrolle sowie eine warme Decke (während den Entspannungsübungen bei Auskühlung verwenden).
- Suchen Sie sich eine ruhige und entspannende Musik aus. Verwenden Sie diese während der gesamten Übungsdauer dezent im Hintergrund.
- Nehmen Sie Ihren Mondkalender zur Hand. Machen Sie sich bewußt, welches Tierkreiszeichen den Tag beherrscht und welche Körperregion besonders aufnahmefähig ist.
- Nach getaner Arbeit tragen Sie ein Kreuz in Ihren Mondkalender ein.
- Bleiben Sie Ihrer Absicht treu, etwas zur Verbesserung Ihrer Gesundheit und Ihres gesamten Wohlbefindens zu tun. Machen Sie mindestens über drei Monate konsequent alle 2–3 Tage ihre »Mondphasengymnastik«. Vielleicht wollen Sie dann auch in Zukunft nicht mehr darauf verzichten.

Allgemeine Grundkenntnisse

Der Mondrhythmus und sein Einfluß auf den Körper

Unser Kalenderjahr entstand in der Vergangenheit nach dem Lauf des Mondes. Auch heute enthalten verschiedene Jahres- und Bauernkalender die Tierkreiszeichen, die der Mond dabei durchwandert. Die Einflüsse, die bei den jeweiligen Tierkreiszeichen herrschen, sind wesentlich bedeutungsvoller für unseren Alltag als die des Sonnenstandes. Alle 2–3 Tage wechselt der Mond in ein anderes Tierkreiszeichen. Insgesamt durchwandert er zwölf verschiedene Zeichen. Es sind dies: Widder, Stier, Zwilling, Krebs, Löwe, Jungfrau, Waage, Skorpion, Schütze, Steinbock, Wassermann und Fische. Während der Mond die Erde in ca. 28 Tagen umkreist, treten noch andere wichtige Mondphasen auf. Wir kennen sie als:

- Vollmond
- abnehmender Mond
- Neumond
- zunehmender Mond

Am **Vollmondtag** werden alle Stoffe besonders gut vom Körper aufgenommen; positive und negative Stoffe gleichermaßen. Der Körper neigt zur vermehrten Wasseransammlung. Es wäre gut, einen Fasttag einzulegen und auf größere sportliche Belastungen zu verzichten. Am **Neumondtag** ist die Bereitschaft des Körpers zur Entgiftung am größten. Es ist ein guter Tag für jegliche Neuanfänge oder um alte und schlechte Gewohnheiten aufzugeben (Rauchen, Trinken, Fastenkuren etc.). Die Entzugserscheinungen halten sich in Grenzen. Geistig befinden wir uns in einer Phase von größerer Gelassenheit. Während der **14tägigen Phase des abnehmenden Mondes** sollten wir unseren Körper entgiften und ausspülen sowie ausschwitzen und ausatmen. Wir können ruhig des öfteren unsere Energie verausgaben. Während der **14tägigen Phase des zunehmenden Mondes** stehen die Zeichen günstig, um unserem Körper zuzuführen, ihn aufzubauen, um einzunehmen und einzuatmen. Es ist die Zeit, Kräfte zu sammeln, für Erholung und Schonung. Wir sollten unsere Energiespeicher auffüllen. Auch Mangelerscheinungen können in diesen Tagen wirkungsvoll behoben werden.

Hauptmerksätze der Mondphasenlehre:

- Was während der speziellen Tierkreiszeichen für die entsprechenden Regionen getan wird, ist doppelt wohltuend, vorbeugend und heilend.
- Alles, was diese Regionen stärker belastet, wirkt schädlicher als an anderen Tagen.
- Operationen und chirurgische Eingriffe im entsprechenden Bereich sollten nicht an diesen Tagen vorgenommen werden.

Wenn wir alle obigen Erkenntnisse berücksichtigen, ist es fast logisch, unsere sportlichen Aktivitäten mit dem natürlichen Rhythmus des Mondes bzw. des herrschenden Tierkreiszeichens in Einklang zu bringen. Wir werden einen besseren Trainingseffekt erzielen, als wenn wir unser Körpertraining wahllos betrieben hätten. Die Ausführung der beschriebenen Gymnastikformen beinhaltet eine sanfte und ruhige Beanspruchung der entsprechenden Körperbereiche. Die Wirkung der Übungen ist lockernd, dehnend und kräftigend.

Auf keinen Fall soll Höchstleistungsgymnastik betrieben werden.

Zu jedem Tierkreiszeichen ist eine korrespondierende Farbe angegeben.

Die heilende Wirkung von Farben ist bekannt und wird beispielsweise bei farbigen Lampen genützt. So eignet sich Rotlicht zur Behandlung von Schmerzzuständen in Knochen und Gelenken, bei Hautkrankheiten, Herpes und Ekzemen, aber auch bei Kopfschmerzen und Migräne.

Heilende Farben sollten immer auf der oberen Körperhälfte, also vor dem inneren Auge, getragen werden, auch wenn die Störung in der unteren Körperhälfte liegt. Wie wichtig Farben für die Persönlichkeit eines Menschen sind, kann man etwa an Jugendlichen ablesen, die in der Pubertät oft Schwarz tragen. Schwarz ist eigentlich keine Farbe, verschluckt Farben und Schwingungen. Durch schwarze Kleidung wird signalisiert: »Laßt mich in Frieden – der Druck ist zu groß. Ich brauche innere Ruhe.«

Die physiologische Atmung

In unserem täglichen Leben atmen wir alle viel zu flach und kurz. Bin ich ruhig und gelassen, ist meine Atmung langsam und rhythmisch. Bin ich im Streß, ist meine Atmung flach und schnell. Das Ziel sollte sein, die eigene Atmung wieder bewußt zu erleben und gezielt einzusetzen.

Die richtige Atmung
- bekämpft Streß, Ängste und Depressionen,
- bringt innere Ruhe,
- unterstützt den Bluttransport und die Herztätigkeit,
- fördert die Verdauung und stärkt die inneren Organe.

Die falsche Atmung
- fördert das Hyperventilationssyndrom (Atemnot durch zu starkes Einatmen),
- führt zu einer gepreßten und resonanzarmen Sprache.

Bei allen Atemvorgängen ist zu beachten:
- Der Vorgang des Atmens geschieht von selbst. Wird die Atmung bewußt, vertieft sie sich.
- Die Ausatmung erfolgt durch die Nase oder durch den Mund. Die Luft langsam ausströmen lassen.
- Die Atmung nicht durch Pusten oder Pressen krampfhaft verlängern.
- Das Ausatmen beginnt und endet von selbst und geht dann in die Atempause über (Bereitsein für eine neue Einatmung).
- Die Atempause bedeutet Entspannung und Leere.
- Die Einatmung erfolgt, indem die Luft in die Nase einströmt.

In der physiologischen Atmung kennen wir drei verschiedene Atemtechniken: die Bauchatmung, die Flankenatmung und die Schlüsselbeinatmung. Probieren Sie diese Techniken mit den folgenden leichten Atemübungen aus, um für das Trainingsprogramm gerüstet zu sein. Die bewußte Atmung erschließt sich am besten in der völlig entspannten Rückenlage. Der Körper sollte mit einer Decke warmgehalten werden und der Kopf mit einem kleinen Kissen leicht unterstützt sein.

Die Bauchatmung

Ziel: Ruhe und Entspannung
Grundlage: entspannte Rückenlage
Beste Anwendungszeit: abends

Die Hände zur Kontrolle auf den Unterbauch auflegen. Tief und ruhig in den unteren Bauch einatmen (Abb. 1). Nicht aktiv den Bauch herausdrücken. Das Becken weitet sich, und der Bauch hebt sich. Tief und ruhig ausatmen. Der Bauch und das Zwerchfell senken sich in Richtung Becken. Der gesamte Atemvorgang geschieht nur durch die Nase, der Mund ist geschlossen.

Die Flankenatmung

Ziel: Aktivierung und Belebung
Grundlage: entspannte Rückenlage
Beste Anwendungszeit: morgens

Die Hände zur Kontrolle seitlich auf den Rippenbogen legen. Tief und ruhig in den Rippenbogen einatmen (Abb. 2). Die Flanken weiten sich. Tief und ruhig aus dem Brustkorb ausatmen. Der Rippenbogen senkt sich in Richtung Bauchnabel. Der gesamte Atemvorgang geschieht nur durch die Nase, der Mund ist geschlossen.

Die Schlüsselbeinatmung

Ziel: Sammeln von geistigen Kräften
Grundlage: entspannte Rückenlage
Beste Anwendungszeit: morgens

Die Hände zur Kontrolle mit den Fingerspitzen unterhalb des Schlüsselbeines auflegen. Tief und ruhig nach oben in die Fingerspitzen einatmen (Abb. 3). Das Lungengewebe dehnt sich. Tief und ruhig von den Fingerspitzen (dem Schlüsselbein) aus ausatmen. Das Lungengewebe zieht sich wieder zusammen.

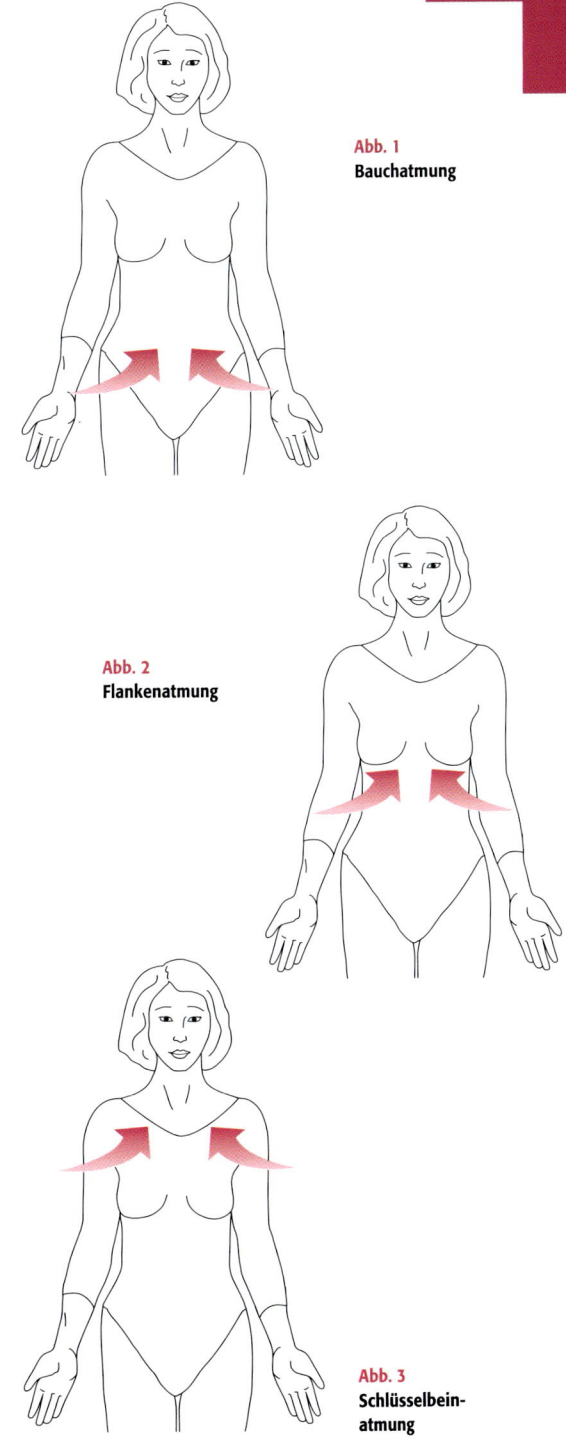

Abb. 1
Bauchatmung

Abb. 2
Flankenatmung

Abb. 3
Schlüsselbeinatmung

Die Sammelatmung

Ziel: Anregung der Durchblutung, Ruhe,
Entspannung
Grundlage: entspannte Rückenlage
Beste Anwendungszeit: abends

Die Arme entspannt neben dem Körper
auf der Unterlage ruhen lassen. Bei der
Einatmung den ersten Teil der Luft in
den Unterbauch leiten. Danach weiter-
leiten in die Flanken (Rippenbogen),
dann die restliche Luft in das Schlüsselbein einströmen lassen (Abb. 4). Der
Unterbauch hebt sich, die Flanken werden weit, und das Lungengewebe dehnt
sich aus. Bei der Ausatmung den ersten
Teil der Luft aus dem Schlüsselbein
ausatmen, den zweiten Teil aus den
Flanken, und die Restluft aus dem
Unterbauch ausatmen. Auch dieser
gesamte Atemvorgang geschieht durch
die Nase, der Mund ist geschlossen.

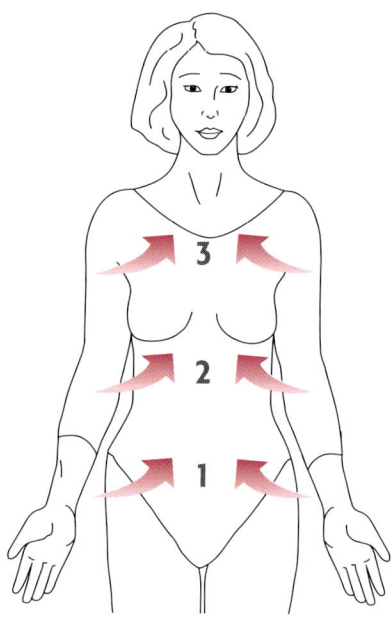

Abb. 4
Sammelatmung

Die Wirkung der Gymnastik auf unser Wohlbefinden

Einseitige Belastungen in Alltag und
Beruf verursachen immer mehr Bewegungseinschränkungen und Schäden am
Bewegungsapparat. Daneben wirken sie
negativ auf das Herz-Kreislauf-System.
Im Laufe der Jahre wurden die verschie-
densten Gymnastikkonzepte entwickelt
und erprobt. Die Entwicklung im Gym-
nastikbereich geht zu den gesunden
Schongymnastiken oder auch Softgym-
nastiken. Der Gesundheitsaspekt ist in
den Vordergrund gerückt. Allgemein
müssen folgende Ansprüche an eine
gesunde Gymnastik gestellt werden:
- Die Übungen sollen neben lockern-
  der und dehnender Wirkung auch
  kräftigende Funktionen beinhalten.
- Die Ausführung der Übungen erfolgt
  ruhig, ohne Wippen oder Reißen.
- Durch die Übungsformen sollte ein
  differenziertes Muskelempfinden
  entwickelt werden.

Effekte des körperlichen Trainings:
- Schutz vor Herz-Kreislauf-Erkrankungen
- Vorbeugung gegen Haltungsschäden
- Verbesserung der Verdauungstätigkeit
- Verminderung von Übergewicht,
  bewußteres Ernährungsverhalten
- Verbesserung des Selbstwertgefühls
  und größere Ausgeglichenheit
- Verringerung von innerer Unruhe und
  verbesserte Streßbewältigung
- Stärkung der Widerstandskraft gegen
  Krankheiten
- geringere Neigung zu Depressionen
- Steigerung des allgemeinen Wohl-
  befindens und Verbesserung der
  Konzentrationsfähigkeit

Die Anwendung der Akupressur

Seit Jahrtausenden behandeln Japaner und Chinesen alle möglichen Leiden mit Akupunktur (Punkte auf der Haut werden gestochen). Eine für jeden erlernbare Abwandlung ist die Akupressur, wo statt Stechen mit Drücken gearbeitet wird. Durch Druck auf bestimmte Hautstellen erreicht man eine Besserung bei Beschwerden oder kann eine vorbeugende Wirkung erzielen. Akupressur ist Selbstheilung durch eigenes Bemühen, allein mit Behandlung durch Fingerdruck. Auf unserer gesamten Körperoberfläche liegen über tausend Energiepunkte auf zwölf Meridianen und zwei Gefäßen. Ziel der Akupressur ist es, den Fluß der natürlichen Energien anzuregen, um dadurch eine Stärkung der Selbstheilungskräfte zu veranlassen. Unser Körper teilt sich uns ständig mit. Leider haben wir jedoch verlernt, diese Anzeichen zu deuten. Manche Selbstheilungskräfte in uns liegen verborgen, verschüttet oder werden fehlgeleitet. Durch gezielte Akupressur lassen sich Standorte verändern sowie Sichtweisen ergänzen und erweitern. Der Unterschied zur Schulmedizin ist, daß keine sofort meßbare, direkte Wirkung entsteht, vielmehr eine indirekte Wirkung über die Aktivierung der körpereigenen Abwehr- und Naturkräfte erzielt werden kann. Wir kennen verschiedenste Akupressurpunkte:

- Punkte mit beruhigender Wirkung
- Punkte mit aktivierender Wirkung
- Harmonisierungspunkte
- Spezialpunkte
- Alarmpunkte

Das Ertasten der Akupressurpunkte erfordert Fingerspitzengefühl für die Gewebeveränderung an dieser Stelle.

Die Punkte liegen dicht unter der Hautoberfläche und reagieren durch Druck manchmal mit einem »Wohlschmerz«. Oft ist an dieser Stelle eine kleine Einbuchtung oder eine Gewebeveränderung zu spüren. Folgende Aspekte sollten vor der Akupressur Beachtung finden:

- Sie haben Ruhe und viel Zeit.
- Sie sind nicht zu müde.
- Sie haben keinen Alkohol getrunken oder gerade gegessen.
- Der Behandlungsraum ist gut gelüftet und warm.
- Ihre Hände sind warm, die Fingernägel nicht zu lang.
- Sie akupressieren erst einen Punkt auf der rechten und dann auf der linken Seite.
- Sie beachten die angegebene Höchstdauer für die Behandlungszeit.
- Wenn Sie mehrere Punkte akupressieren, achten Sie darauf, daß eine Behandlungszeit von maximal 15 Min. nicht überschritten wird.
- Akupressieren Sie nicht bei organischen Herz-Kreislauf-Erkrankungen oder in der Schwangerschaft.
- Akupressieren Sie nicht bei akuten Infektionen und Entzündungen.

In Abb. 5 und 6 auf S. 14 sind alle Harmonisierungspunkte dargestellt, die zur Regulation regelmäßig einmal in der Woche in beliebiger Reihenfolge akupressiert werden sollten – denn vorbeugen ist besser als heilen.

Akupressurpunkte zur Vorbeugung

Die beschriebenen Punkte zielen nicht auf eine bestimmte Krankheit, sondern bewirken Wohlbefinden für den gesamten Organismus. Alle Punkte werden in beliebiger Reihenfolge mit leichtem Daumendruck akupressiert. Einzige Ausnahme sind die Zehen- und Fingerspitzen: Diese werden zwischen Daumen und Zeigefinger kräftig gedrückt.

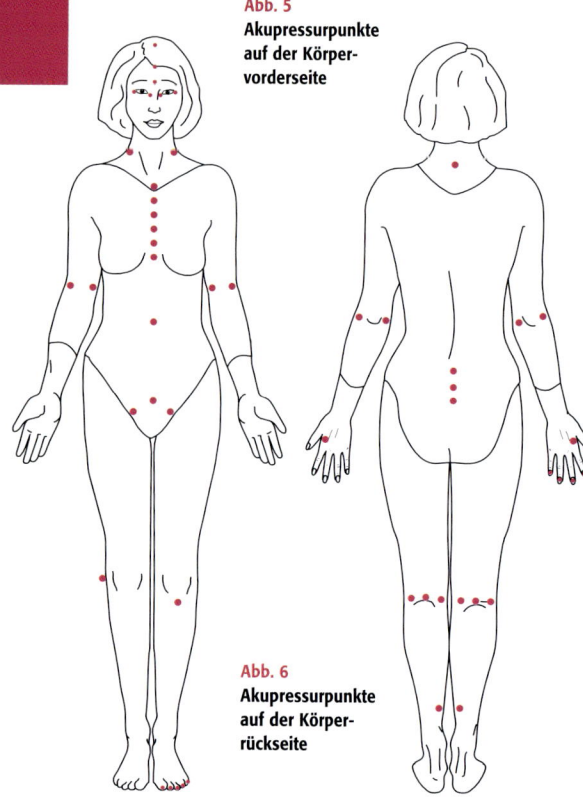

Abb. 5
Akupressurpunkte auf der Körpervorderseite

Abb. 6
Akupressurpunkte auf der Körperrückseite

Der Wert positiver Gedanken

Die Wirkung von positivem Gedankengut auf unseren Organismus ist derzeit in aller Munde. Wissenschaftliche Untersuchungen und medizinische Abhandlungen befassen sich zunehmend mit der These, daß sehr viele Krankheiten auf einem gestörten psychischen Hintergrund basieren.

Die Therapien und Behandlungen kosten ein Vermögen, vom stetigen Anstieg des Verbrauchs von Psychopharmaka ganz zu schweigen. Warum fangen wir nicht selbst an und versorgen unseren Körper mit positivem Gedankengut? Es ist die einfachste und beste Arznei für die Seele.

Die Wirkungsweise von positiven Gedanken

Positives Denken befreit die Psyche von angesammeltem »Giftmüll«. Es verschafft Überblick und Weitblick, weil es die dunkelsten Stellen der Seele erleuchtet. Positive Gedanken bahnen den Weg zu Optimismus und strahlen Hoffnung, Zuversicht und Vertrauen aus. Auf dem Weg zum Sinn des Lebens ermöglicht die positive Denkweise die beste Orientierung. Unser Unterbewußtsein beeinflußt die Qualität des positiven Gedankengutes. Das positive Denken muß daher genauso wie das muskuläre Training erlernt und geübt werden. Jeder hat die Möglichkeit dazu, nur ist oftmals das Bewußtsein hierfür verlorengegangen. Durch die tägliche Anwendung ist es möglich, das Unterbewußtsein regelrecht zu trainieren.

Äußerliche Anzeichen von negativem Gedankengut

Das Gesicht ist der wichtigste Spiegel der Seele. Die gesamte Mimik und vor allem die Augen drücken den Zustand unserer Seele aus. Außerdem besteht eine untrennbare Beziehung zwischen dem Skelettsystem und der Muskulatur auf der einen Seite und dem vegetativen Nervensystem auf der anderen Seite. Seelische Verspannungen führen somit immer auch zu körperlichen Verspannungen. Der Körper signalisiert den Druck, dem die Seele ausgesetzt ist; aus ungelösten seelischen Konflikten entsteht Krankheit.

Wird der Körper mit positivem Gedankengut versorgt, indem dieses in jeder Übungseinheit bei der Ausklangs- und Entspannungsphase bewußt eingesetzt wird, lassen sich die Zusammenhänge zwischen Körper und Seele zur Verbesserung der Gesundheit nützen.

Trainingsprogramm im Zeichen des Widders

Herrschende Farbe
Indigoblau

- blutreinigend
- bremst Eßlust
- dämpft das Nervensystem

Körperbereich
Kopf, Gehirn, Nase, Augen

Inneres Organ
Sinnesorgane

1. Trainingsabschnitt: Atmung

Legen Sie sich bequem und entspannt auf eine Unterlage. Schließen Sie die Augen, und machen Sie sich Ihre Atmung bewußt. Atmen Sie tief und ruhig durch die Nase ein, und leiten Sie die Atmung tief und ruhig wieder durch die Nase aus.

1. Übung
Leiten Sie die Atmung in die vordere Kopfhälfte (2 Min.).

2. Übung
Leiten Sie die Atmung in die Kopfmitte (2 Min.).

3. Übung
Leiten Sie die Atmung in den Hinterkopf (2 Min.).

4. Übung
Leiten Sie die Atmung in die rechte Nasenhälfte (1 Min.).

5. Übung
Leiten Sie die Atmung in die linke Nasenhälfte (1 Min.).

6. Übung
Leiten Sie die Atmung anschließend bewußt in die gesamte Nase (2 Min.).

7. Übung
Leiten Sie die Atmung in das rechte Auge (1 Min.).

8. Übung
Leiten Sie die Atmung in das linke Auge (1 Min.).

9. Übung
Leiten Sie die Atmung in beide Augen (2 Min.).
Zeitaufwand: 14 Min.

Abb. 7 **Bewußte Leitung der Atmung**

2. Trainingsabschnitt: Augen- und Kopfgymnastik

Ausgangsstellung: Strecksitz oder Rückenlage

1. Übung – Kopf
Versuchen Sie, einzelne Kopfpartien zu bewegen (Abb. 8).

2. Übung – Stirn
Die Stirn hochziehen und wieder absinken lassen (15 x; Abb. 9).

3. Übung – Stirn
Die Finger fest über die Augenbrauen legen. Nun gegen diesen Widerstand die Augenbrauen hochziehen und bis sechs zählen (6 x; Abb. 10).

4. Übung – Nase
Mit beiden Zeigefingern von der Nasenwurzel oberhalb der Augenbraue bis zu ihrem Ende streichen (8 x; Abb. 11).

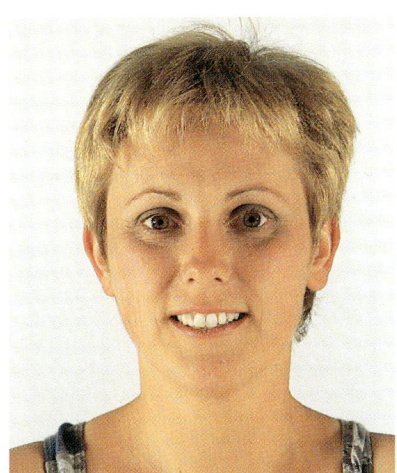

Abb. 8
Bewegung einzelner Kopfpartien

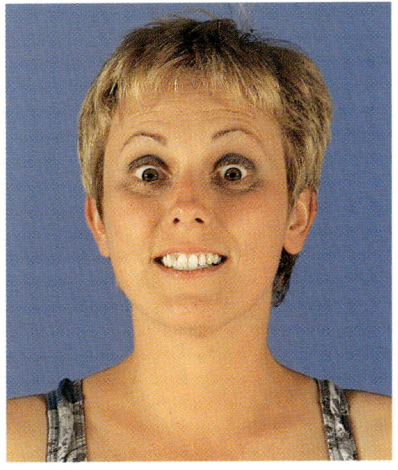

Abb. 9
Hochziehen der Stirn

Abb. 10 Hochziehen der Augenbrauen

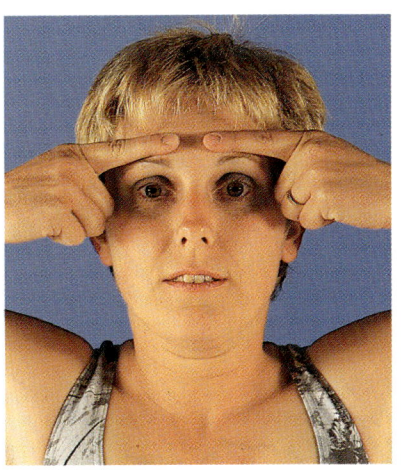

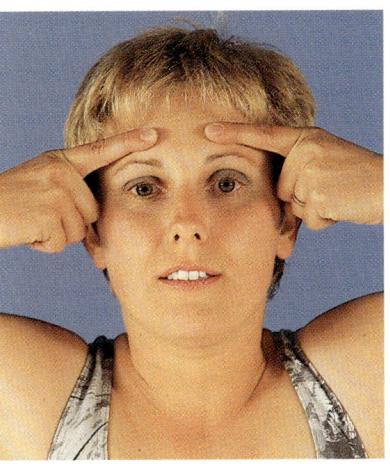

Abb. 11
Ausstreichen über den Augenbrauen

5. Übung – Nase
Bewegen Sie die Nase nach rechts und links (Abb. 12).

6. Übung – Nase
Versuchen Sie, mit der Nase zu kreisen (beide Seiten je 8 x; Abb. 13).

7. Übung – Augen
Geradeausschauen, die Augen fest zudrücken; danach die Augen weit öffnen, in die Ferne schauen (8 x; Abb. 14, 15).

8. Übung – Augen
Die Fingerspitzen beider Hände an die Schläfen drücken und gegen diesen Widerstand die Augen fest zusammendrücken (8 x bis acht zählen; Abb. 16).

9. Übung – Mund
Ziehen Sie die Ober- und Unterlippe straff über die Zähne (8 x bis acht zählen; Abb. 17).

10. Übung – Mund
Spitzen Sie die Lippen zu einem O, und streichen Sie mit den Fingerspitzen von der Oberlippe bis zu den Wangen (8 x bis acht zählen; Abb. 18).
Zeitaufwand: 15–20 Min.

Abb. 12
Bewegung der Nase

Abb. 13
Nasenkreisen

Abb. 14
Zudrücken der Augen

Abb. 15
Blick in die Ferne

Abb. 16
Zusammendrücken der Augen gegen Widerstand

Abb. 17
Lippendehnung

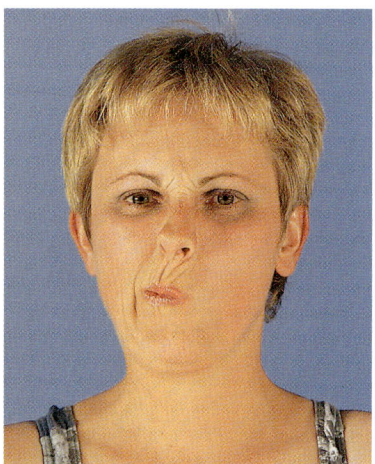

Abb. 12

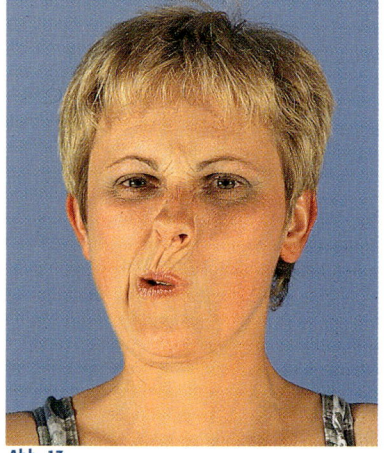

Abb. 13

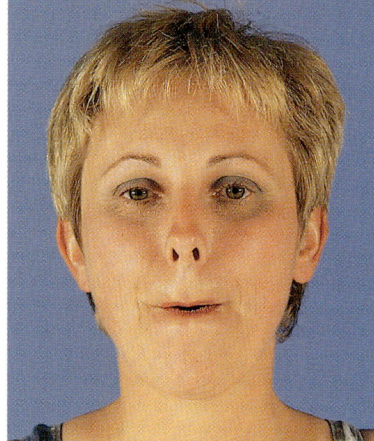

Abb. 14

Abb. 15

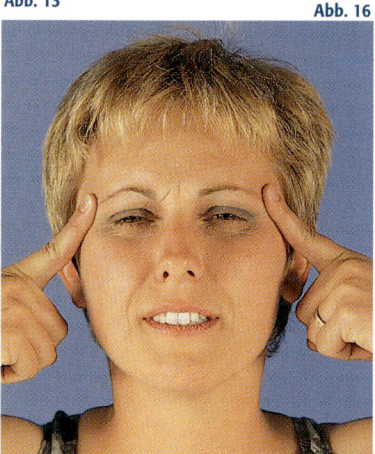

Abb. 16

Abb. 17

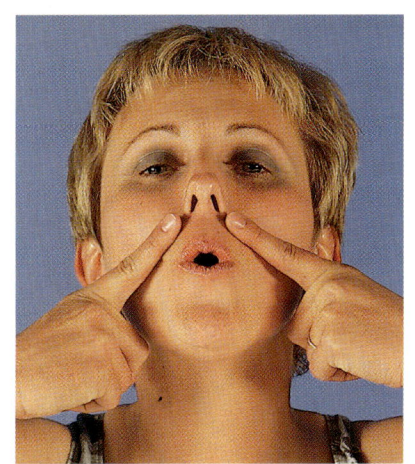

Abb. 18
Spitzen
der Lippen

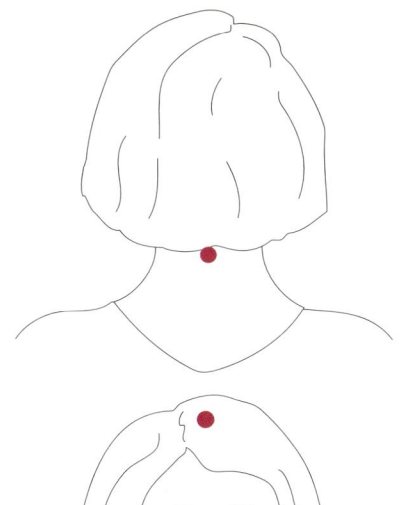

Abb. 19
Harmonisierungs-
punkt

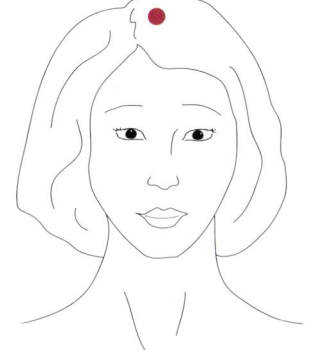

Abb. 20
Beruhigungspunkt

3. Trainingsabschnitt: Meridianmobilisierung durch Akupressur

Kopfbereich

1. Übung
Den Punkt in der Nackenmitte, wo der Haaransatz beginnt, 5 x fest drücken (Harmonisierungspunkt; Abb. 19).

2. Übung
Den Punkt in der Kopfmitte sanft 1–2 Min. drücken (bewirkt Ruhe und Gelassenheit für das vegetative Nervensystem; Abb. 20).

Augenbereich

1. Übung
Die vier Punkte zwischen Augenbraue und Augenlid mehrmals bei mittlerem Druck gegen die Knochen schieben (zur Erhaltung der jugendlichen Haut; Abb. 21).

2. Übung
Mehrmals den unteren Rand der Augenhöhlen von innen nach außen beklopfen (Straffung der Haut; Abb. 22).

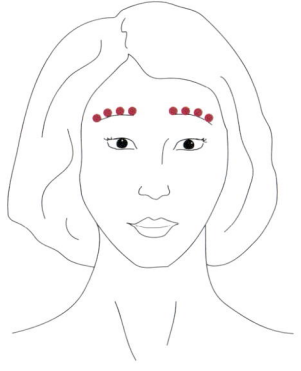

Abb. 21
Straffungspunkte

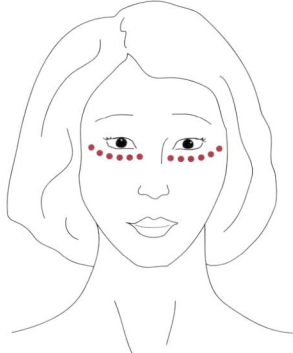

Abb. 22
Straffungspunkte

Abb. 23
Abschwellungs-
punkte

Abb. 24
Punkte bei Nasen-
und Racheninfekten

Abb. 25
Punkte bei
Heuschnupfen

Nasenbereich

1. Übung

Beide Punkte neben den Nasenflügeln
1–2 Min. mittelstark drücken (läßt
Schleimhäute abschwellen; Abb. 23).

2. Übung

Beide Punkte neben der Nasenwurzel
1–2 Min. mittelstark drücken (gegen
Nasen- und Racheninfekte; Abb. 24).

3. Übung

Beide Punkte unterhalb der Nasen-
löcher 1–2 Min. mittelstark drücken
(zur Erleichterung bei Heuschnupfen;
Abb. 25).
Zeitaufwand: 8–10 Min.

4. Trainingsabschnitt: Entspannungsphase

Positives Gedankengut

Die folgenden Sätze werden im Liegen
mit geschlossenen Augen jeweils für
1–2 Min. langsam gedacht.
1. »Ich bin völlig ruhig und fühle
   mich ganz entspannt.«
2. »Ich fühle mich wohl.«
3. »Ich bin fröhlich und glücklich.«
Zeitaufwand: 3–6 Min.

Beenden Sie das Training in der folgenden Reihenfolge:

• Bewegen Sie die Fingerspitzen.
• Greifen Sie mit den Händen aktiv auf
  und zu.
• Recken und strecken Sie den ganzen
  Körper.
• Schlagen Sie nun die Augen auf;
  machen Sie sich bewußt, wo Sie sich
  befinden, und stehen Sie langsam auf.

Trainingsprogramm im Zeichen des Stiers

Herrschende Farbe
kräftiges Blau

- macht ruhig und gelassen
- schützt vor negativen
  Gedanken anderer
- bei Fieber und Verbrennungen

Körperbereich
Kiefer und Zähne, Ohren, Kehlkopf, Hals und Nacken, Schilddrüse

Inneres Organ
Blutkreislauf

1. Trainingsabschnitt: Atmung

Legen Sie sich entspannt auf eine Unterlage, und schließen Sie die Augen. Atmen Sie ruhig und tief durch die Nase ein und wieder aus.

5. Übung
Leiten Sie die Atmung in Ihre Schilddrüse (1 Min.).

6. Übung
Leiten Sie die Atmung in Ihren Nacken (2 Min.).
Zeitaufwand: 9 Min.

Abb. 26 Bewußte Leitung der Atmung

1. Übung
Leiten Sie die Atmung in Ihre Zähne (1 Min.).

2. Übung
Leiten Sie die Atmung in beide Ohren (2 Min.).

3. Übung
Leiten Sie die Atmung in den Kehlkopf (1 Min.).

4. Übung
Leiten Sie die Atmung in den Hals (2 Min.).

2. Trainingsabschnitt: Hals- und Nackengymnastik

Dehnung und Lockerung

Ausgangsstellung: Strecksitz oder Schneidersitz

1. Übung
Kopf bei gestrecktem Rücken mit der Kinnspitze bis auf die Brust ziehen (5 x; Abb. 27).

Abb. 28

Abb. 28
Kinn zur Schulter

Abb. 27
Kinn zur Brust

2. Übung
Kopf weit zur Seite drehen. Jetzt die Kinnspitze auf die Schulter ziehen (zu beiden Seiten je 5 x; Abb. 28).

3. Übung
Den Kopf nach vorn hängen lassen. Drehen Sie nun die Kinnspitze langsam nach rechts und links (je 5 x; Abb. 29).

Abb. 29
Kinn nach rechts und links

Abb. 30

4. Übung

Der Kopf ist aufrecht. Neigen Sie nun das rechte Ohr auf die rechte Schulter. Danach wechseln Sie zur anderen Seite und wiederholen die Übung (je 3 x; Abb. 30).

5. Übung

Der Kopf ist aufrecht. Recken Sie nun die Kinnspitze nach vorn, und bewegen Sie den Unterkiefer aufwärts und abwärts (3 x; Abb. 31).

Kräftigung

Ausgangsstellung: Rückenlage mit angewinkelten Knien, die Füße aufgestellt

1. Übung

Den Kopf in der Rückenlage leicht nach oben anheben (Kinnspitze zeigt zur Decke). Drücken Sie nun mit beiden Handballen gegen Ihre Stirn und gleichzeitig mit der Stirn gegen Ihre Handballen (5 x; Abb. 32).

Abb. 31

2. Übung

Drücken Sie in der Rückenlage mit dem rechten Handballen gegen die rechte Schläfe, gleichzeitig mit der Schläfe gegen den Handballen (rechts und links je 5 x; Abb. 33).

3. Übung

Drücken Sie nun Ihren Hinterkopf stark gegen die Unterlage. Zählen Sie dabei bis vier (5 x; Abb. 34).

4. Übung

Drehen Sie jetzt die Kinnspitze zur rechten Schulter. Drücken Sie den Kopf seitlich gegen die Unterlage (5 x auf jeder Seite; Abb. 35).

Abb. 30 Ohr zur Schulter

Abb. 31 Lockerung des Unterkiefers

Abb. 32
Anheben des
Kopfes gegen
Widerstand

Abb. 33
Seitlicher Druck
Kopf gegen
Handballen

Abb. 34
Drücken des
Kopfes nach
unten gegen
Widerstand

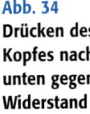

Abb. 35
Seitlicher Druck
Kopf gegen
Unterlage

Übung für den Blut-kreislauf

Ausgangsstellung: Kerze bzw. Nacken-stand, Beine und Füße zeigen zur Decke, Hände unterstützen an den Hüften (Abb. 36).

Bewegen Sie Ihre Füße in kreisenden Bewegungen. Atmen Sie durch die Nase ein und hörbar durch den geöff-neten Mund aus. Verharren Sie in dieser Position 1–3 Min. Ziehen Sie die Knie angewinkelt neben beide Ohren. Atmen Sie immer noch durch die Nase ein und durch den Mund aus. Verharren Sie in dieser Position 1–3 Min. (Abb. 37). Rollen Sie den Rücken langsam, Wirbel für Wirbel, auf Ihre Unterlage ab, bis das Gesäß den Boden berührt (Abb. 38). Führen Sie die gestreckten Beine mit angespannten Bauchmuskeln langsam in Richtung Boden (Abb. 39).

Wichtig: Die Lendenwirbelsäule muß dabei fest gegen die Unterlage gepreßt werden!

Die gesamte Übung 2 x wiederholen.
Zeitaufwand: 25–30 Min.

Abb. 36 Kerze

Abb. 37
Anziehen der Knie

Abb. 38
Abrollen des Rückens

Abb. 39
Ablegen der Beine

3. Trainingsabschnitt: Meridianmobilisierung durch Akupressur

Abb. 40
Harmonisierungs- und Zahnschmerzpunkt

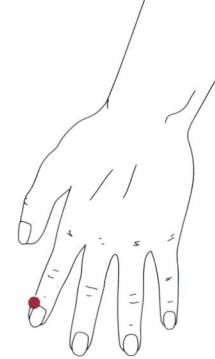

Zähne

1. Übung

Mit dem Fingernagel des Daumens den Punkt des Zeigefingers suchen, der ca. 2 mm neben dem Nagelbett liegt. 5 x fest drücken (hilft gegen Zahnschmerzen, Harmonisierungspunkt; Abb. 40).

Nacken

1. Übung

Mit dem Fingernagel des Daumens den Punkt des kleinen Fingers suchen, der ca. 2 mm an der Innenseite des Nagelbettes liegt. 5 x fest drücken (gegen Nackenverspannung; Abb. 41).

2. Übung

Den Punkt an der Außenseite des Ellenbogens etwas oberhalb 20–30 Sek. drücken (gegen Nackenverspannung; Abb. 42).

3. Übung

Bei steifem Hals den Kernpunkt der Schmerzen am Hinterkopf oder Nacken suchen. Die »Zentrale« des Schmerzes 30 Sek. im Wechsel drücken und wieder loslassen, 3–5 x wiederholen (gegen steifen Hals; Abb. 42).
Zeitaufwand: 8–10 Min.

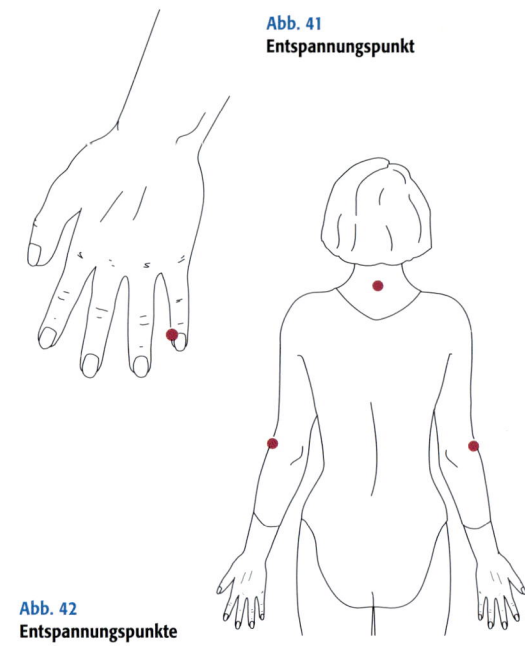

Abb. 41
Entspannungspunkt

Abb. 42
Entspannungspunkte

4. Trainingsabschnitt: Entspannungsphase

Positives Gedankengut

Die folgenden Sätze werden im Liegen mit geschlossenen Augen jeweils für 2 Min. langsam gedacht.
1. »Ich bin völlig gesund und fit.«
2. »Es geht mir gut.«
3. »Ich bin ruhig und gelassen.«
Zeitaufwand: 3–6 Min.

Beenden Sie das Training in der folgenden Reihenfolge:
• Bewegen Sie die Fingerspitzen.
• Greifen Sie mit den Händen aktiv auf und zu.
• Recken und strecken Sie den ganzen Körper.
• Schlagen Sie nun die Augen auf; machen Sie sich bewußt, wo Sie sich befinden, und stehen Sie langsam auf.

Trainingsprogramm im Zeichen der Zwillinge

Herrschende Farbe
helles Blau

- neutral für alle Schwingungen
- offen für die Kräfte der Umgebung

Körperbereich
Schultern, Arme, Hände, teilweise Lunge

Inneres Organ
Drüsensystem

1. Trainingsabschnitt: Atmung

Legen Sie sich entspannt auf eine Unterlage, und schließen Sie die Augen. Atmen Sie ruhig und tief durch die Nase ein und wieder aus.

4. Übung:
Leiten Sie die Atmung in den rechten Arm (2 Min.).

5. Übung:
Leiten Sie die Atmung in den linken Arm (2 Min.).

Abb. 43 **Bewußte Leitung der Atmung**

1. Übung:
Leiten Sie die Atmung in die rechte Schulter (2 Min.).

2. Übung:
Leiten Sie die Atmung in die linke Schulter (2 Min.).

3. Übung:
Leiten Sie die Atmung in beide Schultern (1 Min.).

6. Übung:
Leiten Sie die Atmung in beide Arme (2 Min.).

7. Übung:
Legen Sie Ihre beiden Hände knapp unterhalb des Schlüsselbeins auf. Atmen Sie nun bewußt in die Hände ein und anschließend wieder aus (2 Min.).
Zeitaufwand: 13 Min.

2. Trainingsabschnitt: Schulter-, Arm- und Handgymnastik

Dehnung und Lockerung

Ausgangsstellung: Stand oder Fersensitz

1. Übung

Mit dem Seil 10 x durchschultern. Die Arme immer durchgestreckt halten (Abb. 44, 45, 46).

Abb. 44
Durchschultern mit dem Seil

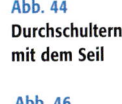

Abb. 45
Durchschultern mit dem Seil

Abb. 46
Durchschultern mit dem Seil

2. Übung

Beide Hände hinter dem Rücken greifen. Nun die Ellenbogen durchstrecken und nach oben gegen die Decke führen (5 x; Abb. 47).

3. Übung

Eine Hand hinten auf den Rücken legen. Der zweite Arm versucht nun über oben, die untere Hand zu fassen (je 3 x, dann die Armhaltung wechseln; Abb. 48).

4. Übung

Die Hände hinter dem Rücken falten (3 x; Abb. 49).

5. Übung

Strecken Sie den Arm mit der Handfläche nach oben vor den Körper. Greifen Sie mit der anderen Hand Ihre Fingerspitzen und überdehnen Sie diese (Abb. 50).

Abb. 47
Hinter dem Rücken Arme zur Decke strecken

Abb. 48
Greifen der Hände hinter dem Rücken

Abb. 49
Händefalten hinter dem Rücken

zusammenpressen. Die Ellenbogen sind dabei gebeugt, so daß der Ball in Höhe der Kopfmitte gehalten wird (3 x; Abb. 54).

**Abb. 50
Überdehnen
der Finger**

Abb. 51 Greifen in Kreisbewegung

Kräftigung

Ausgangsstellung: Rückenlage mit angewinkelten Knien, die Füße aufgestellt

1. Übung
Beide Arme vor dem Körper halten, die Hände greifen kräftig auf und zu. Während des Greifens beschreiben die Arme einen langsamen Kreis (3 x; Abb. 51, 52).

2. Übung
Einen Ball oder ein Kissen vor der Brust 10 x langsam sowie 10 x schnell und kräftig zusammendrücken. Die Ellenbogen sind in Brusthöhe angehoben (3 x; Abb. 53).

3. Übung
Ball oder Kissen über dem Kopf 5 x langsam sowie 5 x schnell und kräftig

Abb. 52 Greifen in Kreisbewegung

Abb. 53
**Balldrücken vor
der Brust**

Abb. 54
**Balldrücken über
dem Kopf**

Abb. 55
Liegestütz im
Vierfüßlerstand

Abb. 56
Liegestütz

4. Übung

Im Vierfüßlerstand beugen Sie die
Arme so stark, bis sich die Nase kurz
über dem Boden befindet. Drücken
Sie dann den Körper wieder in die
Ausgangsstellung zurück (10 x;
Abb. 55).

5. Übung

Nehmen Sie nun die Liegestützposition
ein. Versuchen Sie ebenfalls, die Arme
langsam zu beugen und die Nase in
Richtung Boden abzusenken. Wieder
zurückdrücken in die Ausgangsstellung
(5–10 x; Abb. 56).
Zeitaufwand: 25 Min.

3. Trainingsabschnitt: Meridianmobilisierung durch Akupressur

Finger

1. Übung

Mit dem rechten Zeigefinger und Daumen alle Fingerkuppen und Fingernägel
an der linken Hand kräftig zusammendrücken. Dabei eine ziehende Bewegung machen. Danach auch mit der
anderen Hand ausführen (zur Aktivierung der Hormondrüsen; Abb. 57).

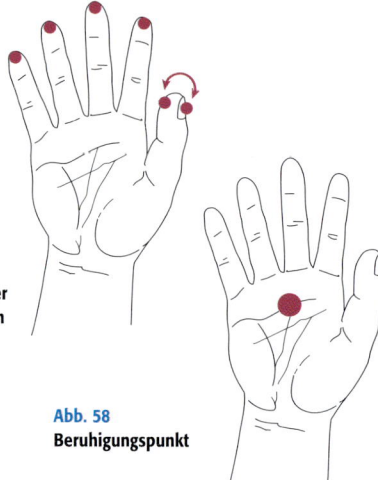

Abb. 57
Punkte zur
Aktivierung der
Hormondrüsen

Abb. 58
Beruhigungspunkt

Abb. 59
Punkte bei
Schulter-
beschwerden

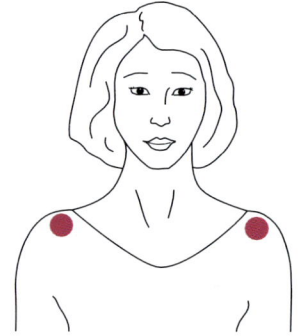

Hände

1. Übung
Den Punkt genau in der Mitte der
Handfläche mehrmals mittelstark drük-
ken, jede Hand jeweils 1 Min. (gibt
Ruhe und Gelassenheit; Abb. 58).

Schultern

1. Übung
In der Mittte der vorderen Schulterkap-
sel liegt ein Punkt, der schmerzt. Diesen
Punkt mehrmals 1 Min. lang drücken
und wieder loslassen. Rechte und linke
Schulter akupressieren (gegen Schulter-
beschwerden; Abb. 59).
Zeitaufwand: 8–10 Min.

4. Trainingsabschnitt: Entspannungsphase

Positives Gedankengut

Die folgenden Sätze werden im Liegen
mit geschlossenen Augen langsam
gedacht; der erste 2 Min., die beiden
anderen 1–2 Min.
1. »Meine Arme sind ganz entspannt.«
2. »Ich liebe mich und akzeptiere mich,
   so wie ich bin.«
3. »Ich bin ganz ruhig und ganz
   entspannt.«
Zeitaufwand: 4–6 Min.

Beenden Sie das Training in der
folgenden Reihenfolge:
- Bewegen Sie die Fingerspitzen.
- Greifen Sie mit den Händen aktiv
  auf und zu.
- Recken und strecken Sie den ganzen
  Körper.
- Schlagen Sie nun die Augen auf;
  machen Sie sich bewußt, wo Sie sich
  befinden, und stehen Sie langsam auf.

Trainingsprogramm im Zeichen des Krebses

Herrschende Farbe
Grün

- reguliert den Stoffwechsel
- regeneriert Muskeln
  und Bindegewebe
- wohltuend und beruhigend
  für die Augen

Körperbereich
Brust, Lunge, Magen, Leber, Galle

Inneres Organ
Nervensystem

1. Trainingsabschnitt: Atmung

Legen Sie sich entspannt auf eine Unterlage, und schließen Sie die Augen. Atmen Sie ruhig und tief durch die Nase ein und wieder aus.

Lungenspitzen, und atmen Sie in umgekehrter Reihenfolge (Lungenspitzen, Brustkorb und Bauch) wieder aus (3 Min.).
Zeitaufwand: 9 Min.

Abb. 60 Bewußte Leitung der Atmung

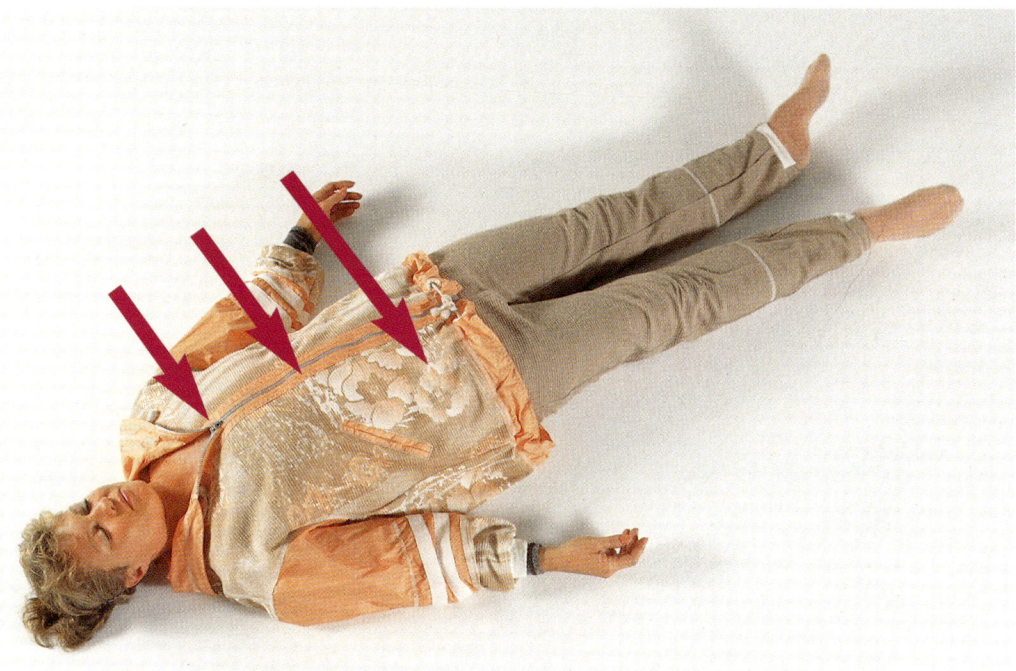

1. Übung
Leiten Sie die Atmung in den unteren Bauch (2 Min.).

2. Übung
Leiten Sie die Atmung in den Brustkorb (2 Min.).

3. Übung
Leiten Sie die Atmung in die Lungenspitzen (2 Min.).

4. Übung
Leiten Sie die Atmung in den Bauch, weiter in den Brustkorb, weiter in die

2. Trainingsabschnitt: Organgymnastik

1. Übung – Lungen- und Dickdarmmeridian
Verschränken Sie die beiden Daumen hinter dem Rücken. Atmen Sie tief ein. Bei der Ausatmung den Oberkörper weit nach vorn beugen. Dabei die Arme hinter dem Rücken zur Decke hochdrücken. Atmen Sie in dieser Position 4 x tief und ruhig ein und aus. Richten Sie nun den Oberkörper wieder auf, und atmen Sie dabei aus.

Nun die Daumen andersherum einhaken und die Übung wie beschrieben wiederholen (Abb. 61).

2. Übung – Magen- und Milzmeridian

Ausgangsstellung ist der Fersensitz. Greifen Sie mit beiden Händen hinter dem Rücken auf den Boden. Strecken Sie das Becken so weit wie möglich nach vorn und oben. Das Gesäß löst sich von den Fersen. Den Kopf leicht in den Nacken legen. Verharren Sie vier Atemzüge lang in dieser Position. Beenden Sie die Übung mit der Ausatmung, und setzen Sie sich zurück auf Ihre Fersen (2–3 x wiederholen; Abb. 62).

Abb. 61
**Übung für Lungen-
und Dickdarm-
meridian**

Abb. 62
**Übung für Magen-
und Milzmeridian**

Erschwerte Ausführung

Ausgangsstellung ist wiederum der Fersensitz. Versuchen Sie nun, sich vollständig nach hinten auf die am Boden abgestützten Ellenbogen abzulegen.

Die Knie sollen dabei immer Bodenkontakt haben und möglichst geschlossen bleiben. Der Kopf geht wiederum mit nach hinten in den Nacken (2–3 x; Abb. 63).

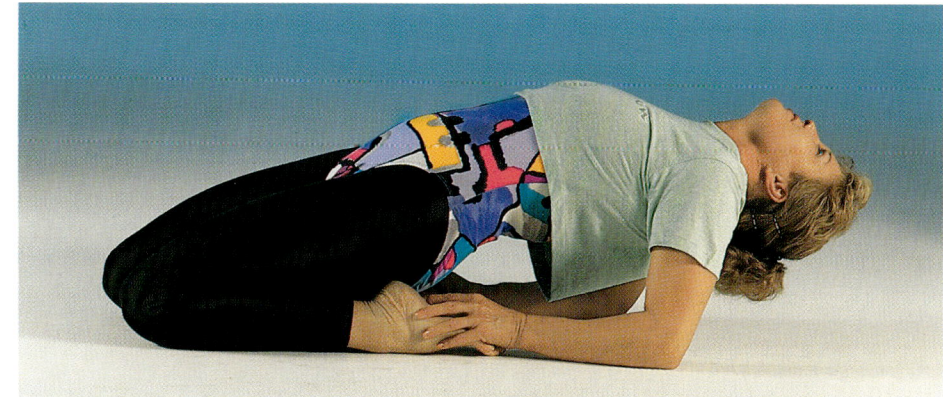

Abb. 63
**Übung für Magen-
und Milzmeridian,
erschwerte Aus-
führung**

**Abb. 64
Übung für Herz- ur
Dünndarmmeridian**

3. Übung – Herz- und Dünndarmmeridian

Setzen Sie sich auf die Unterlage, und
winkeln Sie Ihre Beine so an, daß sich
die beiden Fußsohlen berühren.
Umfassen Sie mit den Händen vorn
Ihre Zehenspitzen. Nun versuchen Sie,
den Oberkörper über die Füße möglichst weit nach vorn in Richtung Boden
zu neigen.
Verharren Sie in dieser Position vier
Atemzüge lang, und beenden Sie die
Übung mit der Ausatmung, während
der Körper sich langsam wieder aufrich-
tet (Abb. 64).

4. Übung – Blasen- und Nierenmeridian

Ausgangsstellung ist der Strecksitz.
Der Rücken soll möglichst gerade sein;
die Arme befinden sich in Hochhalte.
Ziehen Sie die Zehenspitzen bei durch-
gestreckten Knien zu sich her. Neigen
Sie nun Ihren Oberkörper mit möglichst
geradem Rücken so weit nach vorn,
daß die Nase fast die Knie berührt.
Verharren Sie in dieser Position vier
Atemzüge lang. Richten Sie den Oberkörper während der Ausatmung wieder
in die Ausgangsposition auf (2 x;
Abb. 65).

Abb. 65
**Übung für Blasen-
und Nierenmeridian**

Abb. 66
**Übung für Perikard-
und Dreifachen-
Wärmer-Meridian**

5. Übung – Perikard- und Dreifacher-Wärmer-Meridian

Ausgangsstellung ist der Schneidersitz. Verkreuzen Sie Ihre Arme vor dem Körper. Legen Sie die verkreuzten Unterarme mit den Handflächen nach unten auf die Oberschenkel. Versuchen Sie in dieser Stellung, die Ellenbogen ganz durchzustrecken. Neigen Sie zusätzlich den Oberkörper etwas nach vorn, und verharren Sie in dieser Position vier Atemzüge lang. Lösen Sie die Übung mit der Ausatmung wieder auf. Wechseln Sie dann die Kreuzung der Unterschenkel und der Arme und wiederholen Sie die Übung (Abb. 66).

6. Übung – Leber- und Gallenblasenmeridian

Ausgangsstellung ist der Strecksitz mit weit gegrätschten Beinen. Die beiden Arme befinden sich mit gefaßten Händen über dem Kopf in Hochhalte. Schauen Sie in Ihre linke Ellenbogenbeuge. Ihr Oberkörper neigt sich weit zur rechten Seite (der Blick bleibt immer in der linken Ellenbogenbeuge). Verharren Sie in dieser Position vier Atemzüge lang. Richten Sie den Oberkörper wieder in die Ausgangsstellung auf, während Sie tief ausatmen; danach zur anderen Seite (Abb. 67).

7. Übung – Leber- und Gallenblasenmeridian

Ausgangsstellung ist der Grätschsitz. Der Rücken ist durchgestreckt, die Arme sind in Hochhalte über dem Kopf gefaßt. Neigen Sie Ihren Oberkörper so weit wie möglich nach vorn. Ziel: Nase und Bauch berühren den Boden (2 x; Abb. 68).
Zeitaufwand: 20–30 Min.

Abb. 67
Übung für Leber- und Gallenblasenmeridian

Abb. 68
Übung für Leber- und Gallenblasenmeridian

3. Trainingsabschnitt: Meridianmobilisierung durch Akupressur

Lunge

1. Übung

Suchen Sie den Punkt, der drei Fingerbreit an der Innenseite unterhalb des Daumens liegt. Drücken Sie diesen Punkt 3 x 10 Sek. stark und einwärts (gegen Stauungen und Erkältungen, Harmonisierungspunkt; Abb. 69)

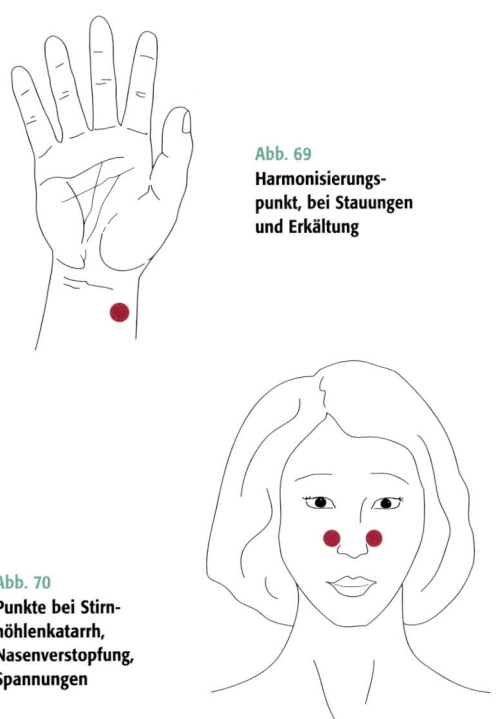

Abb. 69
**Harmonisierungs-
punkt, bei Stauungen
und Erkältung**

Magen

1. Übung

Suchen Sie den Punkt, der von der Mitte der Augen ca. drei Fingerbreit senkrecht nach unten neben dem Nasenflügel liegt. Drücken Sie den Punkt 10 x einwärts und aufwärts, mittelstark (gegen Stirnhöhlenkatarrh, Nasenverstopfung und bei Spannungen; Abb. 70).

Abb. 70
**Punkte bei Stirn-
höhlenkatarrh,
Nasenverstopfung,
Spannungen**

Leber

1. Übung

Suchen Sie den Punkt, der zwei Fingerbreit über dem inneren Fußknöchel liegt. Noch einen Fingerbreit in Richtung des Fußristes weitertasten. Drücken Sie diesen Punkt 3 x 10 Sek. stark und einwärts (gegen Rückenschmerzen und Arthritis im Fußgelenk; Abb. 71).

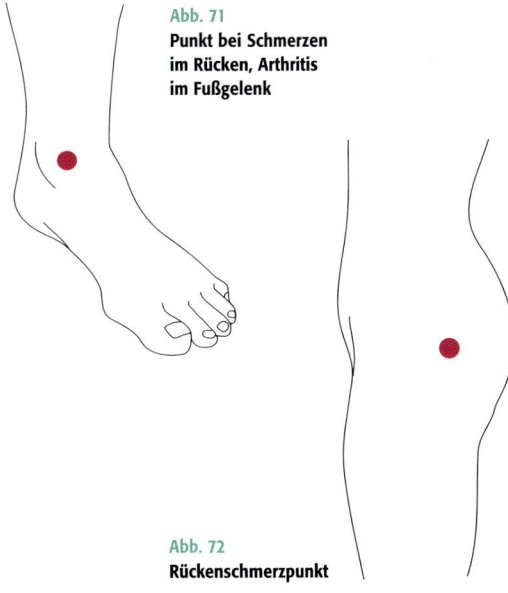

Abb. 71
**Punkt bei Schmerzen
im Rücken, Arthritis
im Fußgelenk**

Galle

1. Übung

Suchen Sie den Punkt seitlich auf der Hüfte, der in der Mitte der Hüftvertiefung liegt. Diesen Punkt 3 x 10 Sek. kräftig mit dem Daumen drücken (gegen Schmerzen im Rücken; Abb. 72).
Zeitaufwand: 8–10 Min.

Abb. 72
Rückenschmerzpunkt

4. Trainingsabschnitt: Entspannungsphase

Positives Gedankengut

Die folgenden Sätze werden im Liegen mit geschlossenen Augen jeweils für 2 Min. langsam gedacht.

1. »Das Leben ist schön.«
2. »Ich bin völlig gesund und fit.«
3. »Es geht mir gut, und ich fühle mich wohl.«

Zeitaufwand: 6 Min.

Beenden Sie das Training in der folgenden Reihenfolge:

- Bewegen Sie die Fingerspitzen.
- Greifen Sie mit den Händen aktiv auf und zu.
- Recken und strecken Sie den ganzen Körper.
- Schlagen Sie nun die Augen auf; machen Sie sich bewußt, wo Sie sich befinden, und stehen Sie langsam auf.

Trainingsprogramm im Zeichen des Löwen

Herrschende Farbe

Grün

- reguliert den Stoffwechsel
- regeneriert Muskeln und Bindegewebe
- wohltuend und beruhigend für die Augen

Körperbereich

Herz und Kreislauf, Rücken, Zwerchfell

Inneres Organ

Sinnesorgane

1. Trainingsabschnitt: Atmung

Legen Sie sich entspannt in Bauchlage auf eine Unterlage, und schließen Sie die Augen. Atmen Sie ruhig und tief durch die Nase ein und wieder aus.

5. Übung
Leiten Sie die Atmung in den Bauch, weiter in den Brustkorb, weiter in die Lungenspitzen, und atmen Sie in umgekehrter Reihenfolge (Lungenspitzen, Brustkorb und Bauch) wieder aus (3 Min.).
Zeitaufwand: 11 Min.

Abb. 73 **Bewußte Leitung der Atmung**

1. Übung
Leiten Sie die Atmung in die Flanken (2 Min.).

2. Übung
Leiten Sie die Atmung in den unteren Rücken (2 Min.).

3. Übung
Leiten Sie die Atmung in die Rückenmitte (2 Min.).

4. Übung
Leiten Sie die Atmung in den oberen Rücken (2 Min.).

2. Trainingsabschnitt: Rückengymnastik

Dehnung und Lockerung

1. Übung
Fassen Sie in Rückenlage die gebeugten Beine an den Knien. Ziehen Sie mit der Ausatmung die Knie fest an die Brust; Nachlassen des Zuges mit der Einatmung (10 x; Abb. 74).

Abb. 74
Anziehen der Beine

Abb. 75
Seitdrehen der Beine

2. Übung

Schlagen Sie in der Rücklage ein Knie über das untere, aufgestellte Knie. Die Arme liegen seitlich neben dem Körper. Führen Sie nun während der Ausatmung beide Knie nach rechts, und schauen Sie dabei mit dem Kopf nach links. Verharren Sie kurz in dieser Position (jede Seite 8 x; Abb. 75).

3. Übung

In der Rückenlage beide Knie geschlossen mit den Händen fassen. Kreisen Sie nun mit den gefaßten Knien im Uhrzeigersinn von einer Brustseite zur anderen Seite. Auch in Gegenrichtung durchführen (8 x; Abb. 76).

Kräftigung

1. Übung

Ausgangsstellung ist die Bauchlage, die Stlrn liegt auf dem Boden, die Arme werden in Verlängerung des Körpers ausgestreckt. Beide Arme gestreckt in die Hochhalte führen, dabei den Kopf liegen lassen. Führen Sie die Arme langsam über die hohe Seithalte in die hohe Rückhalte und dann den umgekehrten Weg wieder zurück (5 x; Abb. 77, 78).

Abb. 77 **Hochhalte**

Abb. 78
Hohe Rückhalte

2. Übung

Bauchlage, ein Arm liegt mit der Handfläche nach oben vor dem Körper, andere mit der Handfläche nach oben hinten neben dem Körper. Heben Sie nun den vorderen Arm, den hinteren Arm und das Gegenbein gestreckt zur Hochhalte. Zählen Sie bis fünf. Wiederholen Sie die Übung 5 x und wechseln Sie dann die Seite (Abb. 79).

3. Übung

In der Bauchlage beide Hände im Nacken fassen. Mit geöffneten Ellenbogen den Oberkörper abheben und langsam nach rechts drehen, zurück zur Mitte kommen, dann langsam nach links drehen. Der Kopf zeigt mit dem Kinn zur Brust. Versuchen Sie am Ende der Übung in der Mittelstellung, die Arme weit nach vorne und oben auszustrecken (5 x; Abb. 80).
Zeitaufwand: 25–30 Min.

Abb. 79

Abb. 80

Abb. 79
Hochhalte der Arme und des Gegenbeins

Abb. 80
Körperdrehung mit Armen im Nacken

3. Trainingsabschnitt: Meridianmobilisierung durch Akupressur

Herz und Kreislauf

1. Übung

An der Innenseite des Oberarms alle Punkte von der Achselhöhle bis zum Ellenbogen langsam, Schritt für Schritt, mit mittlerem Druck entlangwandern. Jeden Arm 3 x durchakupressieren (zur Aktivierung des Herzmeridians; Abb. 81).

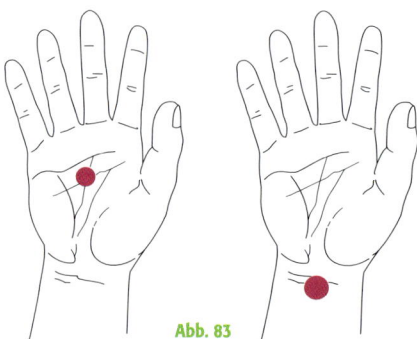

Abb. 81
Aktivierungspunkte des Herzmeridians

2. Übung

Suchen Sie den Punkt genau in der Mitte der Handinnenseite. Drücken Sie diesen Punkt 10 x mittelstark; dazwischen immer wieder kurz loslassen. Jede Hand ca. 1 Min. lang drücken (harmonisierend und beruhigend für Herz und Kreislauf; Abb. 82).

3. Übung

Suchen Sie den Punkt genau in der Mitte der Innenseite des Handgelenks. Drücken Sie diesen Punkt 10 x mittelstark; dazwischen immer wieder kurz loslassen. Jede Hand ca. 1 Min. lang akupressieren (harmonisiert den Kreislauf; Abb. 83).

Abb. 82
Beruhigungspunkt, Harmonisierungspunkt für Herz und Kreislauf

Abb. 83
Harmonisierungspunkt für den Kreislauf

Abb. 82   Abb. 83

4. Übung

Suchen Sie den Punkt an der Außenseite der Ferse, der zwei Fingerbreit unterhalb des Fußknöchels liegt. Diesen Punkt an jedem Fuß 5 x je 10 Sek. drücken (gegen Ischias; Abb. 84).
Zeitaufwand: 10 Min.

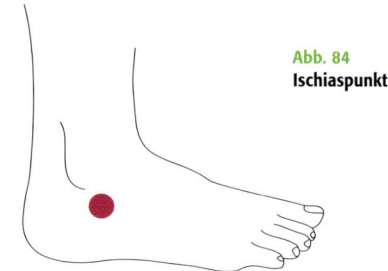

Abb. 84
Ischiaspunkt

4. Trainingsabschnitt: Entspannungsphase

Positives Gedankengut

Die folgenden Sätze werden im Liegen mit geschlossenen Augen jeweils für 2 Min. langsam gedacht.
1. »Ich bin glücklich.«
2. »Ich bin fröhlich.«
3. »Ich fühle mich entspannt und wohl.«
4. »Ich liebe und akzeptiere mich, so wie ich bin.«
Zeitaufwand: 8 Min.

Beenden Sie das Training in der folgenden Reihenfolge:
- Bewegen Sie die Fingerspitzen.
- Greifen Sie mit den Händen aktiv auf und zu.
- Recken und strecken Sie den ganzen Körper.
- Schlagen Sie nun die Augen auf; machen Sie sich bewußt, wo Sie sich befinden, und stehen Sie langsam auf.

Trainingsprogramm
im Zeichen der Jungfrau

Herrschende Farbe

Gelb

- behebt Darmträgheit
- beruhigt die Nerven
- aktiviert das Lymphsystem
- heilt Leberschäden

Körperbereich

Verdauungsorgane, Milz, Bauchspeicheldrüse

Inneres Organ

Blutkreislauf

1. Trainingsabschnitt: Atmung

Legen Sie sich entspannt auf eine Unterlage, und schließen Sie die Augen. Atmen Sie ruhig und tief durch die Nase ein und wieder aus.

Lungenspitzen, und atmen Sie in umgekehrter Reihenfolge (Lungenspitzen, Brustkorb und Bauch) wieder aus (3 Min.).
Zeitaufwand: 9 Min.

Abb. 85 **Bewußte Leitung der Atmung**

1. Übung
Leiten Sie die Atmung in den Unterbauch (2 Min.).

2. Übung
Leiten Sie die Atmung in die Flanken (2 Min.).

3. Übung
Leiten Sie die Atmung in die Lungenspitzen (2 Min.).

4. Übung
Leiten Sie die Atmung in den Bauch, weiter in den Brustkorb, weiter in die

2. Trainingsabschnitt: Aktivierung des Verdauungssystems

1. Übung
Rückenlage, ein Bein liegt gestreckt auf der Unterlage, das andere Bein ist gebeugt. Fassen Sie das gebeugte Bein mit beiden Händen am Knie. Ziehen Sie das gebeugte Bein während der Ausatmung zur Brust. Während der Einatmung das Knie in die senkrechte Position zurückführen (jedes Bein 10 x; Abb. 86).

Abb. 86
Anziehen
eines Beines

Abb. 87
Anziehen
beider Beine

Abb. 88
Anziehen der
Beine ohne Hände

2. Übung

In der Rückenlage die gebeugten Beine an den Knien fassen. Während der Ausatmung stark zur Brust ziehen. Während der Einatmung die Knie in die senkrechte Position zurückführen (10 x; Abb. 87).

3. Übung

Aus der Rückenlage die angewinkelten Beine ohne Hilfe der Hände zur Brust heranziehen. Knie wieder zurück in die senkrechte Position führen (10 x; Abb. 88).

Jetzt die Knie langsam in Richtung Ohren absenken. Verweilen Sie auch in dieser Kauerstellung. Durch die Nase einatmen, durch den Mund hörbar ausatmen (Abb. 91).

Beginnen Sie nun, den Rücken langsam auf die Unterlage abzurollen, bis das Gesäß mit dem Boden Kontakt hat (Abb. 92).

Spannen Sie die Bauchmuskeln an, und führen Sie die gestreckten Beine langsam zum Boden. Achten Sie darauf,

Abb. 89
Beinkreisen

4. Übung

In der Rückenlage beide Knie geschlossen mit den Händen fassen. Kreisen Sie nun mit den gefaßten Knien im Uhrzeigersinn von einer Brustseite zur anderen Seite. Auch in Gegenrichtung durchführen (8 x; Abb. 89).

5. Übung

Ausgangsstellung ist die Kerze. 1–2 Min. in der Kerze bleiben, dabei die Fußspitzen beliebig bewegen. Durch die Nase einatmen, durch den Mund hörbar ausatmen (Abb. 90).

daß die Lendenwirbelsäule während des Tiefgehens ständig fest auf den Boden gepreßt wird (Abb. 93).

Entspannen Sie sich vollkommen, und machen Sie fünf sehr tiefe Atemzüge. Über den Bauch die Atmung weiter in den Rippenbogen leiten und von dort weiter nach oben in die Lungenspitzen lenken.

Führen Sie die gesamte Übung 3–5 x durch.
Zeitaufwand: 20–30 Min.

Abb. 90 **Kerze**

Abb. 91 **Kauerstellung**

Abb. 92
**Abrollen des
Rückens**

Abb. 93
Ablegen der Beine

3. Trainingsabschnitt: Meridianmobilisierung durch Akupressur

Dickdarm

1. Übung

Strecken Sie Ihre Hand und legen Sie den Daumen ganz an den Zeigefinger an. Auf der Handkante bildet sich nun eine Erhebung. Genau in der Mitte dieser Erhebung finden Sie einen Akupressurpunkt, der stark schmerzt. Drücken Sie diesen Punkt an jeder Hand 1 Min. lang stark (regt die Verdauung an; Abb. 94).

Abb. 94
**Anregungspunkt
für die Verdauung**

Dünndarm

1. Übung

An der Außenseite des kleinen Fingers genau neben dem Nagelbett liegt ein Punkt, den Sie an jeder Hand ca. 1 Min. lang stark drücken (wirkt aktivierend; Abb. 95).

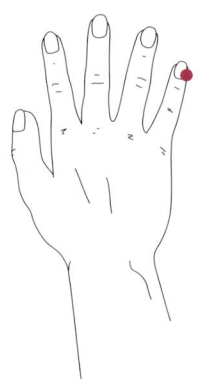

Abb. 95
Aktivierungspunkt

2. Übung

Suchen Sie den Punkt drei Fingerbreit oberhalb des Innenknöchels. Drücken Sie diesen Punkt an beiden Füßen 5 x 10 Sek. stark (aktiviert die Milz, reguliert die Menstruation; Abb. 96).
Zeitaufwand: 10 Min.

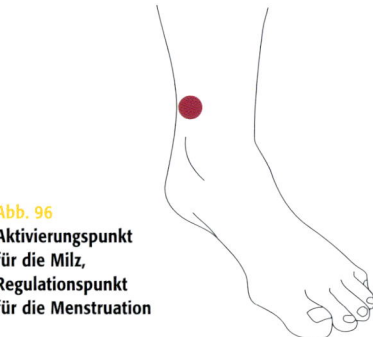

Abb. 96
**Aktivierungspunkt
für die Milz,
Regulationspunkt
für die Menstruation**

4. Trainingsabschnitt: Entspannungsphase

Positives Gedankengut

Die folgenden Sätze werden im Liegen mit geschlossenen Augen jeweils für 2 Min. langsam gedacht.
1. »Ich bin völlig gesund und fit.«
2. »Mein Körper heilt Krankheiten selbst.«
3. »Es geht mir gut.«
4. »Ich bin glücklich und zufrieden.«
Zeitaufwand: 8 Min.

Beenden Sie das Training in der folgenden Reihenfolge:
• Bewegen Sie die Fingerspitzen.
• Greifen Sie mit den Händen aktiv auf und zu.
• Recken und strecken Sie den ganzen Körper.
• Schlagen Sie nun die Augen auf; machen Sie sich bewußt, wo Sie sich befinden, und stehen Sie langsam auf.

Trainingsprogramm im Zeichen der Waage

Herrschende Farbe

Orange

- appetitanregend
- unterstützt Haut und Verdauung
- entspannend und entkrampfend

Körperbereich

Hüfte, Nieren, Blase

Inneres Organ

Drüsensystem

1. Trainingsabschnitt: Atmung

Abb. 97 Bewußte Leitung der Atmung

Legen Sie sich entspannt auf eine Unterlage, und schließen Sie die Augen. Atmen Sie ruhig und tief durch die Nase ein und wieder aus.

1. Übung
Leiten Sie die Atmung in den Unterbauch (2 Min.).

2. Übung
Leiten Sie die Atmung in die rechte Hüfte (2 Min.).

3. Übung
Leiten Sie die Atmung in die linke Hüfte (2 Min.).

4. Übung
Leiten Sie die Atmung in die Nieren (2 Min.).
Zeitaufwand: 8 Min.

2. Trainingsabschnitt: Aktivierung des Verdauungssystems

Dehnung und Lockerung

1. Übung
Ausgangsstellung ist der Strecksitz, die Arme sind in Hochhalte. Senken Sie den Oberkörper mit gestrecktem Rücken nach vorn ab. Ziel: Nase berührt die Knie (5 x; Abb. 98).

2. Übung
Im Strecksitz ein Bein in Kniehöhe anwinkeln und über das gestreckte andere Bein auf den Boden stellen. Führen Sie den Ellenbogen des Gegenarms über das gebeugte Bein. Der andere

Abb. 98
Absenken des
Oberkörpers im
Strecksitz

Abb. 99
Verwinden des
Oberkörpers

Abb. 100
Absenken des
Oberkörpers im
Grätschsitz

Arm stützt gleichzeitig hinter dem Körper auf. Verwinden Sie nun den Oberkörper über die geschlossene Seite in Richtung des rückwärtigen Arms. Der Kopf dreht dabei jeweils mit zurück (beide Seiten 5 x; Abb. 99).

3. Übung

Im Grätschsitz senken Sie den gestreckten Oberkörper mit den Armen in der Hochhalte zur Bodenmitte ab. Ziel: Der gesamte Bauch liegt am Boden (5 x; Abb. 100).

Kräftigung

1. Übung

Ausgangsstellung ist der »umgedrehte« Hürdensitz: Drehen Sie die Hüfte und das Knie des seitlich ausgestreckten Beines stark nach innen ein. Die Hände stützen über dem gebeugten Knie auf den Boden. Heben Sie das seitlich gestreckte Bein so hoch Sie können an, und wippen Sie 10 x in kleinen Bewegungen in dieser angehobenen Position (jede Seite 6 x; Abb. 101).

Abb. 101
Beinwippen im »umgedrehten« Hürdensitz

Abb. 102
Beinwippen in der Seitlage

2. Übung

In der Seitlage drehen Sie das Knie und die Hüfte des oberen Beines stark nach innen ein. Heben Sie das Bein zum höchsten Punkt an, und wippen Sie in dieser Position 10 x in kleinen Bewegungen auf und ab (jede Seite 6 x; Abb. 102).

3. Übung

Setzen Sie sich mit gestreckten Beinen vor einen Stuhl. Grätschen Sie die Beine, und legen Sie die Füße an die Außenseite der Stuhlbeine. Versuchen Sie jetzt, die Beine fest zusammenzudrücken, und zählen Sie dabei bis fünf (10 x; Abb. 103).

4. Übung

Setzen Sie sich mit leicht gegrätschten Beinen vor einen Stuhl. Legen Sie Ihre Füße an die Innenseite der Stuhlbeine. Versuchen Sie jetzt, die Beine fest nach außen zu drücken, und zählen Sie dabei bis fünf (10 x; Abb. 104).
Zeitaufwand: 20–30 Min.

Abb. 103
Druck der Beine nach innen

Abb. 104
Druck der Beine nach außen

3. Trainingsabschnitt: Meridianmobilisierung durch Akupressur

Blase

1. Übung

Suchen Sie den Punkt, der knapp außerhalb des Tränenkanals in der Falte des inneren Augenwinkels liegt. Drücken Sie diesen Punkt 3 x je 15 Sek. mit dem Zeigefinger, stark und einwärts (bei ermüdeten und geschwollenen Augen; Abb. 105).

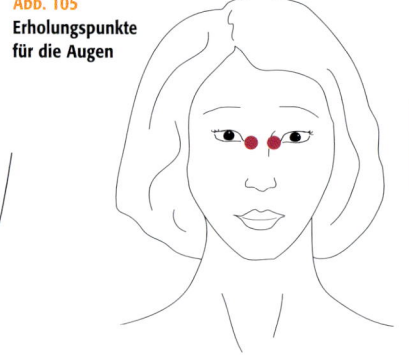

Abb. 105
Erholungspunkte für die Augen

Abb. 106
Punkt gegen Schmerzen im unteren Rücken, Wadenkrämpfe

2. Übung

Suchen Sie den Punkt genau in der Mitte der hinteren Kniekehle. Drücken Sie diesen Punkt an beiden Beinen 3 x je 10 Sek. sanft und einwärts (gegen Schmerzen im unteren Rücken und Wadenkrämpfe; Abb. 106).

Nieren

1. Übung

Suchen Sie den Punkt an der Innenseite des Fußknöchels, der auf halber Entfernung zwischen Achillessehne und Ende des Fußknöchels liegt. Drücken Sie diesen Punkt an beiden Füßen 3 x je 10 Sek. stark und einwärts (wirkt harmonisierend auf die Nieren; Abb. 107).
Zeitaufwand: 10 Min.

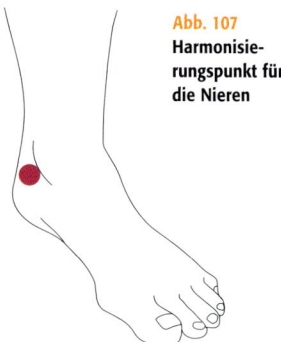

Abb. 107
Harmonisierungspunkt für die Nieren

4. Trainingsabschnitt: Entspannungsphase

Positives Gedankengut

Die folgenden Sätze werden im Liegen mit geschlossenen Augen jeweils für 2 Min. langsam gedacht.
1. »Ich fühle mich wohl und entspannt.«
2. »Ich liebe und akzeptiere mich, so wie ich bin.«
3. »Danke für diesen schönen Tag.«
4. »Ich bin ruhig und gelassen.«
Zeitaufwand: 8 Min.

Beenden Sie das Training in der folgenden Reihenfolge:
• Bewegen Sie die Fingerspitzen.
• Greifen Sie mit den Händen aktiv auf und zu.
• Recken und strecken Sie den ganzen Körper.
• Schlagen Sie nun die Augen auf; machen Sie sich bewußt, wo Sie sich befinden, und stehen Sie langsam auf.

Trainingsprogramm im Zeichen des Skorpions

Herrschende Farbe

Rot

- aktiviert die Leber
- erhöht die Produktion roter Blutkörperchen
- entgiftend

Körperbereich

Geschlechtsorgane, Harnleiter

Inneres Organ

Nervensystem

1. Trainingsabschnitt: Atmung

Abb. 108 **Bewußte Leitung der Atmung**

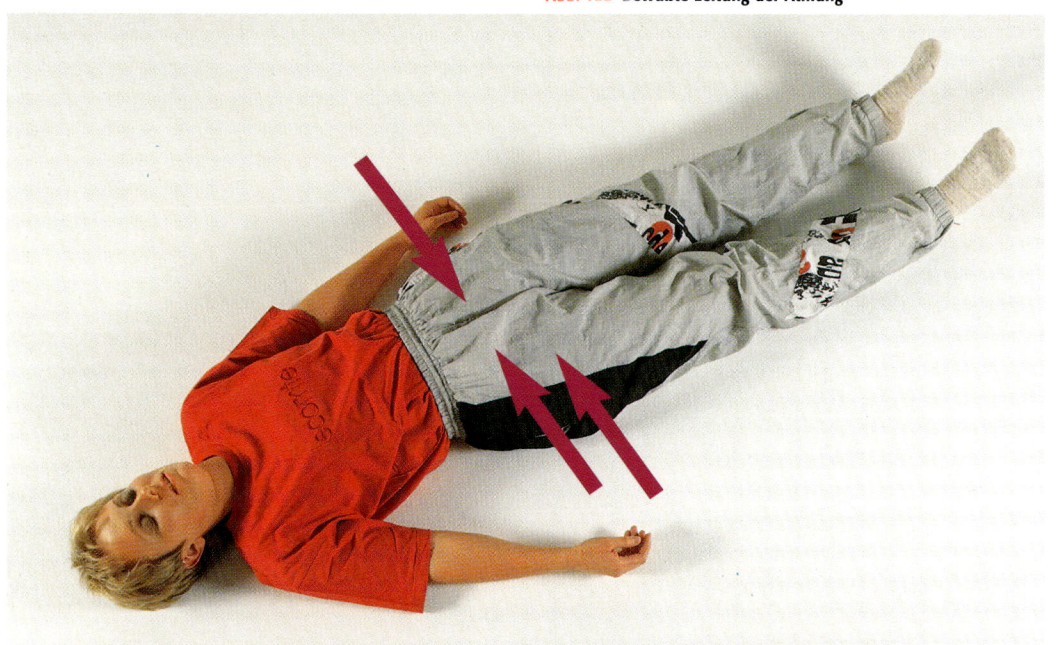

Legen Sie sich entspannt auf eine Unterlage, und schließen Sie die Augen. Atmen Sie ruhig und tief durch die Nase ein und wieder aus.

1. Übung
Leiten Sie die Atmung in den Unterleib (2 Min.).

2. Übung
Leiten Sie die Atmung in die Leisten (2 Min.).

3. Übung
Leiten Sie die Atmung in den Rippen-bogen (2 Min.).

4. Übung
Leiten Sie die Atmung in die Lungen-spitzen (2 Min.).
Zeitaufwand: 8 Min.

2. Trainingsabschnitt: Aktivierung der Geschlechtsorgane

Dehnung und Lockerung

1. Übung
Ausgangsstellung ist die Rückenlage, die Arme sind in Seithalte.
Heben Sie ein Bein gestreckt in die Hochhalte.
Führen Sie nun das obere Bein über die geschlossene Seite langsam auf den Boden. Der Kopf bewegt sich in die Gegenrichtung.
Dann das Bein wieder langsam zur Ausgangsposition zurückführen und die Seite wechseln (jedes Bein 8 x; Abb. 109).

Abb. 109
**Überkreuzen
der Beine**

Abb. 110
**Aufstützen des
Oberkörpers**

2. Übung

In der Bauchlage stützen beide Arme
vor dem Körper. Versuchen Sie, die Arme langsam durchzustrecken und dabei
den Oberkörper vom Boden zu lösen.
Der Kopf geht leicht in den Nacken.
Halten Sie diese Position einen Atem-
zug lang. Dann wieder langsam in die
Ausgangsstellung zurückgehen (8 x;
Abb. 110).

3. Übung

Ausgangsstellung ist die Kerze, die
Hände stützen seitlich in den Hüften.
Atmen Sie durch die Nase ein und hörbar durch den Mund wieder aus. Bleiben Sie 1–2 Min. in der Kerzenstellung.
Führen Sie dann die Knie zu den Ohren. Danach den Rücken langsam
zurückrollen in die Ausgangsstellung
(Abb. 111).

Abb. 111 **Kerze**

Kräftigung

1. Übung
Rückenlage, die Füße stehen mit angewinkelten Knien auf dem Boden. Ziehen
Sie den Bauch so weit wie möglich ein,
und drücken Sie gleichzeitig mit der
Lendenwirbelsäule stark auf die Unterlage (10 x; Abb. 112).

2. Übung
In der Rückenlage mit aufgestellten
Füßen nehmen Sie beide Arme nach
vorn und rollen dabei den Oberkörper
so weit auf, daß sich die Brustwirbel-
säule von der Unterlage löst. Zählen Sie
langsam bis sechs, und rollen Sie danach den Rücken langsam in die Ausgangsposition ab (10 x; Abb. 113).

3. Übung
Rückenlage, die Knie sind im rechten
Winkel vor dem Körper angehockt.
Spannen Sie die unteren Bauchmuskeln
stark an, und versuchen Sie, beide Knie
ohne Zuhilfenahme der Hände bis an
die Brust heranzuziehen. Danach die
Knie wieder zurück zur Senkrechten
führen (15–20 x; Abb. 114).

Abb. 112 **Ablegen der Lendenwirbelsäule**

**Abb. 113
Aufrollen des
Oberkörpers**

**Abb. 114
Anziehen der
Beine**

**Abb. 115
Diagonales
Körperwippen**

4. Übung

Ausgangsstellung ist die Rückenlage
mit parallel aufgestellten Füßen, beide
Arme befinden sich seitlich neben dem
linken Knie.

Richten Sie den Oberkörper auf, und
wippen Sie ganz leicht 10 x mit dem
Körper diagonal am höchsten Punkt
(jede Seite 10 x; Abb. 115).
Zeitaufwand: 20–30 Min.

3. Trainingsabschnitt: Meridianmobilisierung durch Akupressur

Geschlechtsorgane

1. Übung

Suchen Sie den Punkt, der an der Außenseite des großen Zehs, direkt neben dem Nagelbett liegt. Drücken Sie diesen Punkt an beiden Füßen 5 x je 20 Sek. mit dem Daumen (beeinflußt das hormonelle Steuerungssystem; Abb. 116).

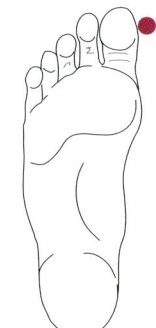

Abb. 116
Steuerungspunkt des Hormonhaushalts

2. Übung

Suchen Sie den Punkt genau in der Mitte des Fußballens. Drücken Sie diesen Punkt an beiden Füßen 5 x je 20 Sek. mittelstark (beeinflußt das hormonelle Steuerungssystem; Abb. 117).

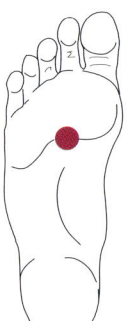

Abb. 117
Steuerungspunkt des Hormonhaushalts

3. Übung

Suchen Sie den Punkt an der Innenseite des Handgelenks, genau in der Mitte unterhalb der Handgelenkbeuge. Drücken Sie diesen Punkt an jedem Handgelenk 1 Min. lang (wirkt harmonisierend und beruhigend; Abb. 118).
Zeitaufwand: 10 Min.

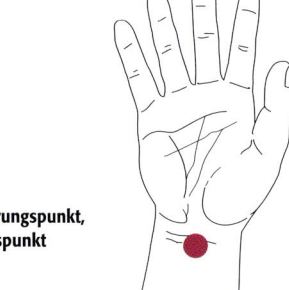

Abb. 118
Harmonisierungspunkt, Beruhigungspunkt

4. Trainingsabschnitt: Entspannungsphase

Positives Gedankengut

Die folgenden Sätze werden im Liegen mit geschlossenen Augen jeweils für 2 Min. langsam gedacht.
1. »Ich mache mir keine Sorgen.«
2. »Mein Körper heilt Krankheiten selbst.«
3. »Meine Abwehrkräfte sind gut und stark..«
4. »Ich bin glücklich und zufrieden.«
Zeitaufwand: 8 Min.

Beenden Sie das Training in der folgenden Reihenfolge:
• Bewegen Sie die Fingerspitzen.
• Greifen Sie mit den Händen aktiv auf und zu.
• Recken und strecken Sie den ganzen Körper.
• Schlagen Sie nun die Augen auf; machen Sie sich bewußt, wo Sie sich befinden, und stehen Sie langsam auf.

Trainingsprogramm im Zeichen des Schützen

Herrschende Farbe
Orangegelb

- appetitanregend
- unterstützt Haut und Verdauung
- entspannend und entkrampfend

Körperbereich
Oberschenkel, Venen

Inneres Organ
Sinnesorgane

1. Trainingsabschnitt: Atmung

Abb. 119 Bewußte Leitung der Atmung

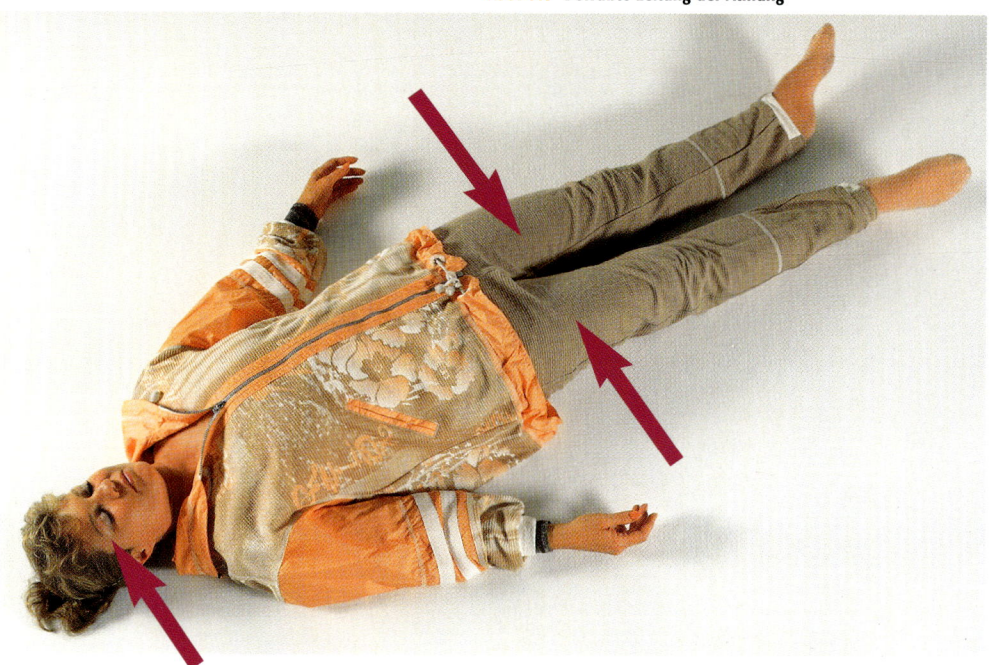

Legen Sie sich entspannt auf eine Unterlage, und schließen Sie die Augen. Atmen Sie ruhig und tief durch die Nase ein und wieder aus.

1. Übung
Leiten Sie die Atmung in das rechte Bein (2 Min.).

2. Übung
Leiten Sie die Atmung in das linke Bein (2 Min.).

3. Übung
Leiten Sie die Atmung in beide Beide (2 Min.).

4. Übung
Leiten Sie die Atmung in den Kopf (2 Min.).
Zeitaufwand: 8 Min.

2. Trainingsabschnitt: Oberschenkel- und Venengymnastik

Dehnung und Lockerung

1. Übung
Ausgangsstellung ist der Fersensitz, die Hände stützen hinter dem Körper auf dem Boden. Schieben Sie das Becken so weit wie möglich nach vorne und oben. Der Kopf bleibt gerade (8 x; Abb. 120).

2. Übung
Ausgangsstellung ist die Hockstellung, die Hände stützen auf dem Boden. Versuchen Sie langsam, die Beine ganz durchzustrecken, ohne mit den Finger-

Abb. 120
Beckenstreckung

spitzen den Bodenkontakt zu verlieren
(8 x; Abb. 121).

3. Übung
Im Strecksitz umfassen beide Hände
die Zehenspitze eines gebeugten Beines. Strecken Sie das gebeugte Bein
langsam diagonal nach vorn durch.
Zählen Sie in dieser Position bis fünf
(jedes Bein 5 x; Abb. 122).

4. Übung
Grätschsitz, die Arme befinden sich in
Hochhalte. Senken Sie den Oberkörper
abwechselnd mit der Nase voraus mal
auf das rechte Bein, mal auf das linke
Bein ab (jede Seite 8 x; Abb. 123).

Abb. 121
Durchstrecken
der Beine aus
der Hockstellung

Abb. 122
Durchstrecken eines Beins im Strecksitz

Abb. 123
Absenken des Oberkörpers auf ein Bein im Grätschsitz

Kräftigung

1. Übung

Im Kniestand die Arme seitlich neben dem Körper hängen lassen. Spannen Sie Ihren Mittelkörper fest an, führen Sie den gesamten Körper weit nach hinten und gestreckt wieder zurück in die Ausgangsstellung (7 x; Abb. 124).

2. Übung

Strecksitz, die Hände stützen in Höhe der Knie auf dem Boden. Strecken Sie das rechte Bein völlig durch. Heben Sie es so hoch wie möglich vom Boden ab, ohne die Ausgangsstellung zu verändern (jedes Bein 8 x; Abb. 125).

3. Übung

Ausgangsstellung ist die Rückenlage; die Knie sind angewinkelt, die Füße stehen auf dem Boden. Heben Sie das Becken so weit wie möglich ab, bis nur noch der Nacken Kontakt mit der Unterlage hat. Strecken Sie nun abwechselnd das rechte und linke Bein langsam diagonal nach vorn in die Luft (jedes Bein 8 x; Abb. 126, 127).

Abb. 124
**Verlagerung
des Körpers nach
hinten**

Abb. 125
**Hochheben eines
Beins im Strecksitz**

Abb. 126
**Abheben des
Beckens**

Abb. 127
**Zusätzliches
Abheben eines
Beins**

Abb. 128
**Greifbewegungen
der Zehen**

Abb. 129
**Greifbewegungen
der Zehen**

4. Übung
Im Strecksitz stützen die Hände seitlich neben dem Boden. Machen Sie mit den Zehen beider Füße kräftige Greifbewegungen, bis der Schienbeinmuskel anspricht (3 x je 1 Min.; Abb. 128, 129).
Zeitaufwand: 20–30 Min.

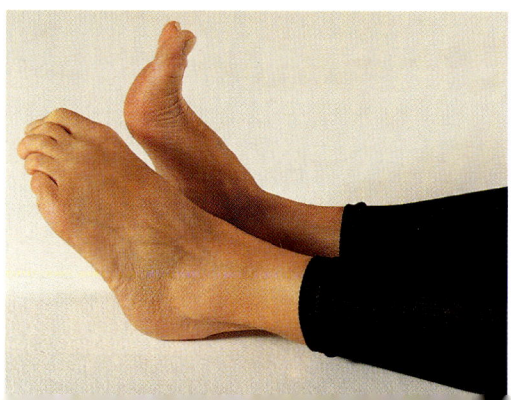

3. Trainingsabschnitt: Meridianmobilisierung durch Akupressur

Oberschenkel

1. Übung

Suchen Sie den Punkt, der an der Außenseite des Ellenbogens drei Fingerbreit unterhalb der Ellenbogenfalte liegt, wenn der Arm abgewinkelt ist. Drücken Sie diesen Punkt mit dem Daumen 3 x 15 Sek. kräftig (fördert das allgemeine Wohlbefinden, lindert schmerzende Beine; Abb. 130).

2. Übung

Suchen Sie den Punkt, der am im rechten Winkel abgewinkelten Knie zwei Fingerbreit an der Außenseite in Höhe des kleinen Fingers liegt, wenn Sie Ihr Knie mit dem Daumen und Zeigefinger umfaßt haben. Drücken Sie diesen Punkt 5 x 15 Sek. lang sehr kräftig (fördert das allgemeine Wohlbefinden, gegen müde Beine; Abb. 131).

3. Übung

Drücken Sie alle Punkte an der Innenseite des entspannten Oberschenkels langsam und mittelstark, angefangen am Knie und aufwärts bis zur Leiste. Dasselbe auf dem Rückweg entlang der Außenseite, von der Hüftbeuge bis zum Knie. Die gesamte Übung 2–3 x wiederholen (aktivierend für Milz und Magen; Abb. 132).

Zeitaufwand: 10 Min.

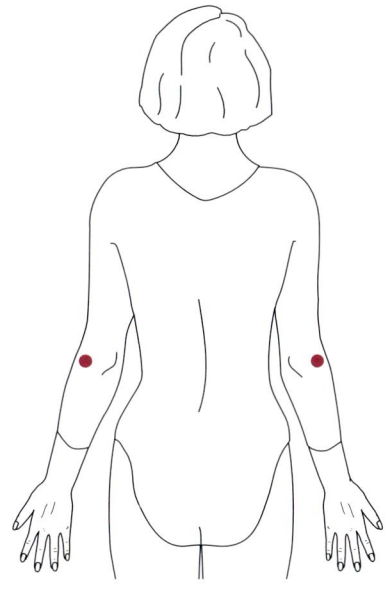

Abb. 130
Punkte für das allgemeine Wohlbefinden, gegen schmerzende Beine

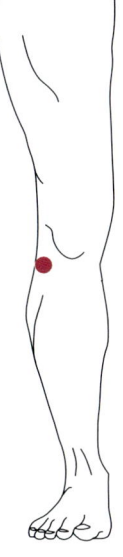

Abb. 131
Punkt für das allgemeine Wohlbefinden, gegen müde Beine

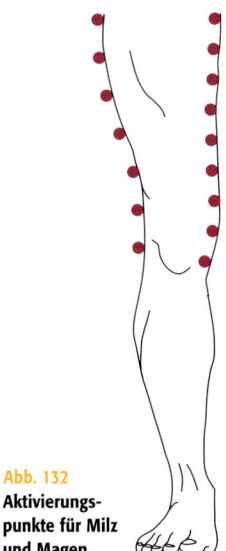

Abb. 132
Aktivierungspunkte für Milz und Magen

4. Trainingsabschnitt: Entspannungsphase

Positives Gedankengut

Die folgenden Sätze werden im Liegen mit geschlossenen Augen jeweils für 2 Min. langsam gedacht.

1. »Ich bin vollkommen ruhig und gelassen.«
2. »Ich fühle mich wohl.«
3. »Ich liebe und akzeptiere mich, so wie ich bin.«
4. »Ich bin fröhlich und frei.«

Zeitaufwand: 8 Min.

Beenden Sie das Training in der folgenden Reihenfolge:

- Bewegen Sie die Fingerspitzen.
- Greifen Sie mit den Händen aktiv auf und zu.
- Recken und strecken Sie den ganzen Körper.
- Schlagen Sie nun die Augen auf; machen Sie sich bewußt, wo Sie sich befinden, und stehen Sie langsam auf.

Trainingsprogramm im Zeichen des Steinbocks

Herrschende Farbe

Grün

- reguliert den Stoffwechsel
- regeneriert Muskeln und Bindegewebe
- wohltuend und beruhigend für die Augen

Körperbereich

Knie, Knochen, Gelenke, Haut

Inneres Organ

Blutkreislauf

1. Trainingsabschnitt: Atmung

5. Übung
Leiten Sie die Atmung in beide Schulter-gelenke (2 Min.).
Zeitaufwand: 10 Min.

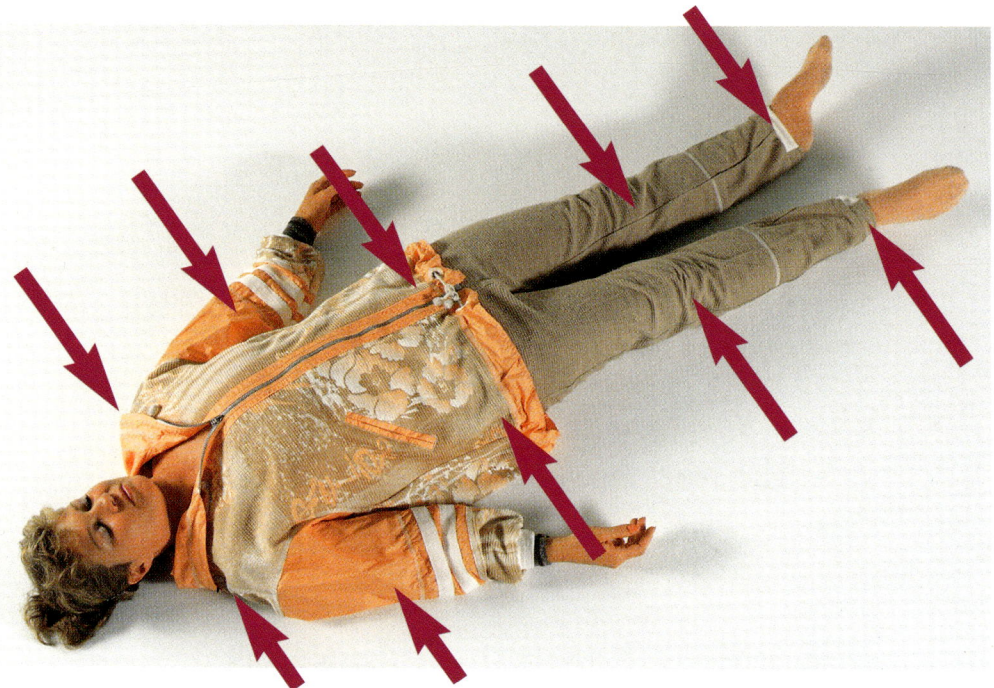

**Abb. 133
Bewußte Leitung der Atmung**

Legen Sie sich entspannt auf eine Unterlage, und schließen Sie die Augen. Atmen Sie ruhig und tief durch die Nase ein und wieder aus.

1. Übung
Leiten Sie die Atmung in beide Fuß-gelenke (2 Min.).

2. Übung
Leiten Sie die Atmung in beide Knie-gelenke (2 Min.).

3. Übung
Leiten Sie die Atmung in beide Hüft-gelenke (2 Min.).

4. Übung
Leiten Sie die Atmung in beide Ellen-bogen (2 Min.).

2. Trainingsabschnitt: Knie- und Gelenk-gymnastik

Dehnung und Lockerung

1. Übung
Fassen Sie im Stand beide Hände hinter dem Rücken. Versuchen Sie, die Arme hinter dem Rücken durchzustrecken und zur Decke anzuheben (8 x; Abb. 134).

2. Übung
Vierfüßlerstand, Hände stützen auf dem Boden. Verlagern Sie Ihr Gewicht nach vorn, schieben Sie die Schultern über die Handgelenke hinaus und verharren Sie in dieser Position 5 Sek. (8 x; Abb. 135).

Abb. 134
Durchstrecken
der Arme hinter
dem Rücken

Abb. 137 Absitzen zwischen den Beinen

Abb. 135
Verlagerung des
Körpergewichts
nach vorn

Abb. 136
Dehnung von
Gesäß und Hüfte

3. Übung

In der Bauchlage liegt die Stirn vor dem Körper auf den Händen. Beugen Sie die Knie, und ziehen Sie die Beine nach oben an. Die Fußsohlen liegen aneinander. Das Becken sollte am Boden bleiben. Drücken Sie dann Ihre Unterschenkel auf den Boden (8 x; Abb. 136).

4. Übung

Ausgangsstellung ist der Fersensitz mit leicht geöffneten Knien. Versuchen Sie, sich mit Ihrem Gesäß zwischen die Unterschenkel auf den Boden abzusetzen (8 x; Abb. 137).

Kräftigung

1. Übung

Im Fersensitz die Arme seitlich neben dem Körper hängen lassen. Spannen Sie Ihren Mittelkörper fest an, und führen Sie den gesamten Körper weit nach hinten. Machen Sie mit dem Becken einen ganzen Kreis nach rechts, dann nach links, und bringen Sie Ihren Körper danach wieder zurück zur Ausgangsstellung (8 x; Abb. 138).

2. Übung

Im Strecksitz stützen die Hände hinter dem Körper auf dem Boden. Legen Sie einen Ball oder ein dickes Kissen zwischen Ihre Knie. Versuchen Sie nun, die Beine gegen diesen Widerstand kräftig nach innen zusammenzudrücken (8 x; Abb. 139).

3. Übung

Stand auf einem Bein, das andere Bein ist mit der Zehenspitze an der Wade angelegt. Halten Sie sich mit einer Hand an der Wand fest. Jetzt das Standbein

Abb. 138
Verlagerung des Körpers nach hinter mit Beckenkreisen

Abb. 139
Druck der Beine nach innen

Abb. 140
**Stand auf einem
Bein**

bis in den hohen Ballenstand anheben und wieder zurückgehen, bis die Ferse den Boden berührt. Wiederholen Sie diese Übung 30 x, und werden Sie dabei in der Ausführung immer etwas schneller (Abb. 140, 141).

4. Übung
Im Vierfüßlerstand stützen die Hände auf dem Boden. Beugen Sie langsam Ihre Arme, bis die Nase fast den Boden berührt. Danach den Körper wieder zurück in die Ausgangsstellung bringen (15 x; Abb. 142).
Zeitaufwand: 20–30 Min.

Abb. 141
Ballenstand

Abb. 142
**Liegestütz im
Vierfüßlerstand**

3. Trainingsabschnitt: Meridianmobilisierung durch Akupressur

Gelenke

1. Übung

Suchen Sie den Punkt, der auf der Innenseite des Unterarms liegt, wenn der Ellenbogen angewinkelt ist. Legen Sie Ihre Hand in die Beugefalte – dort, wo der Ringfinger den Unterarm berührt, liegt der Punkt. 2 Min. lang stark mit dem Daumen drücken (gegen Gelenksteifigkeit und Schwellungen; Abb. 143).

2. Übung

Drücken Sie mit Daumen und Zeigefinger den Punkt, der genau in der Mitte des Mittelgelenkes der Finger liegt, und zwar in der Reihenfolge Ringfinger, Daumen, Mittelfinger, Zeigefinger und kleiner Finger. Jede Hand für 2–3 Min. akupressieren (gegen Bewegungseinschränkungen; Abb. 144).

Abb. 143
Punkt bei Gelenksteifigkeit und Schwellungen

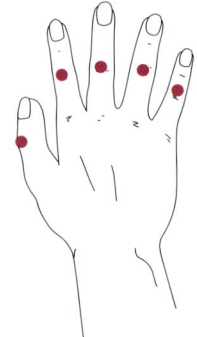

Abb. 144
Spezialpunkte bei Bewegungseinschränkungen

Knie

1. Übung

Drücken Sie den Punkt, der genau in der Mitte der hinteren Kniekehle liegt, an jedem Bein 1–2 Min. mittelstark (lindert Knieschmerzen; Abb. 145).
Zeitaufwand: 10 Min.

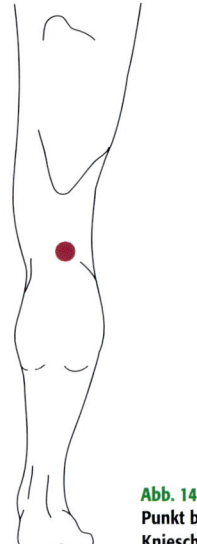

Abb. 145
Punkt bei Knieschmerzen

4. Trainingsabschnitt: Entspannungsphase

Positives Gedankengut

Die folgenden Sätze werden im Liegen mit geschlossenen Augen jeweils für 2 Min. langsam gedacht.
1. »Ich bin glücklich und zufrieden.«
2. »Mein Körper heilt Krankheiten selbst.«
3. »Ich bin völlig gesund und fit.«
4. »Ich fühle mich entspannt und wohl.«
Zeitaufwand: 8 Min.

Beenden Sie das Training in der folgenden Reihenfolge:

• Bewegen Sie die Fingerspitzen.
• Greifen Sie mit den Händen aktiv auf und zu.
• Recken und strecken Sie den ganzen Körper.
• Schlagen Sie nun die Augen auf; machen Sie sich bewußt, wo Sie sich befinden, und stehen Sie langsam auf.

Trainingsprogramm im Zeichen des Wassermanns

Herrschende Farbe
Blau

- macht ruhig und gelassen
- schützt vor negativen Gedanken anderer
- bei Fieber und Verbrennungen

Körperbereich
Unterschenkel, Venen

Inneres Organ
Drüsensystem

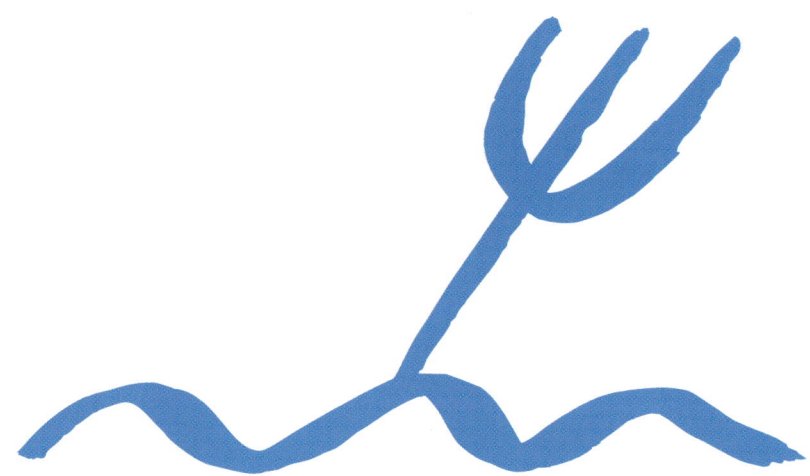

1. Trainingsabschnitt: Atmung

Abb. 146 **Bewußte Leitung der Atmung**

Legen Sie sich entspannt auf eine Unterlage, und schließen Sie die Augen. Atmen Sie ruhig und tief durch die Nase ein und wieder aus.

1. Übung
Leiten Sie die Atmung in den rechten Unterschenkel (2 Min.).

2. Übung
Leiten Sie die Atmung in den linken Unterschenkel (2 Min.).

3. Übung
Leiten Sie die Atmung in beide Unterschenkel (2 Min.).

4. Übung
Leiten Sie die Atmung in beide Beine (2 Min.).
Zeitaufwand: 8 Min.

2. Trainingsabschnitt: Venen- und Unterschenkelgymnastik

Dehnung und Lockerung

1. Übung
Im Stand stützen beide Hände vor dem Körper an der Wand. Stellen Sie ein Bein weit nach hinten. Strecken Sie das Knie völlig durch, und belasten Sie den hinteren Fuß stark auf der Ferse (jedes Bein 6 x; Abb. 147).

2. Übung
Rückenlage, die Füße stehen mit angewinkelten Knien auf dem Boden. Führen Sie das rechte Bein zunächst gebeugt und mit angezogener Fußspitze

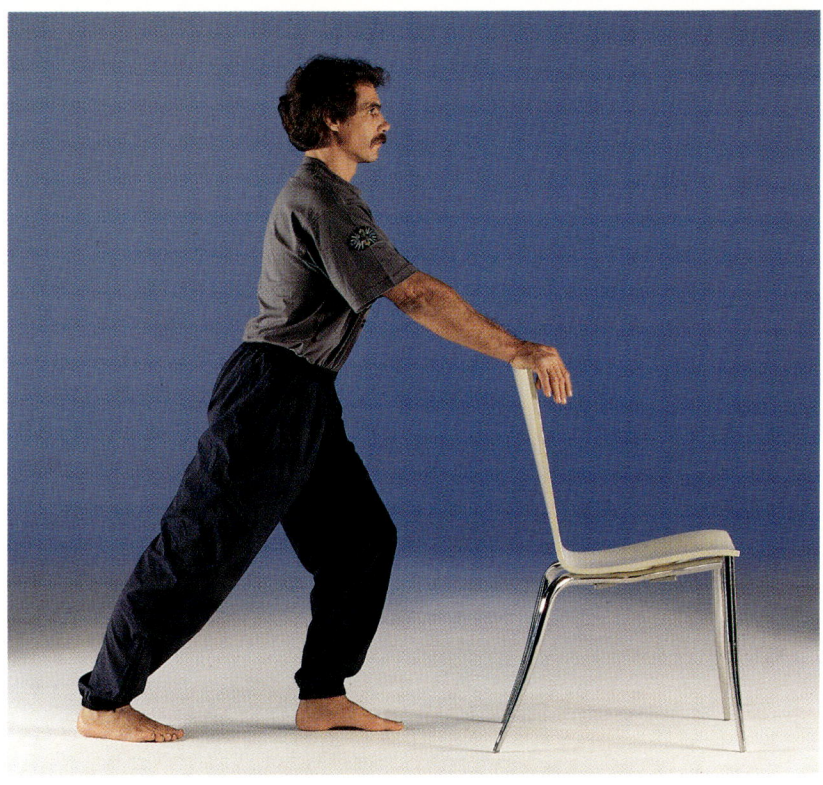

Abb. 147
Dehnung der Wade

langsam zur Decke. Strecken Sie dann das Knie völlig durch; ziehen Sie die Zehenspitzen zur Nase. Verharren Sie in in dieser Position, und zählen Sie dabei bis sechs (jedes Bein 8 x; Abb. 148, 149).

Abb. 148
Hochführen eines Beins mit ange-zogener Fußspitze

Abb. 149
**Durchstrecken
des Beins**

3. Übung

In der Rückenlage stehen die Füße mit angewinkelten Knien auf der Unterlage. Strecken Sie das rechte Bein nach oben an die Decke. Fassen Sie dann das durchgestreckte Bein an der Wade, und ziehen Sie das Bein langsam in Richtung Nase (jedes Bein 10 x; Abb. 150).

Abb. 150
**Gestrecktes
Bein zur Nase**

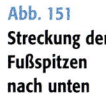

Kräftigung

1. Übung

Ausgangsstellung ist der Strecksitz, die Arme stützen seitlich neben dem Körper. Strecken Sie die Zehenspitzen beider Füße fest nach unten auf den Boden, zäh-len Sie dabei bis sechs (10 x; Abb. 151).

2. Übung

Gehen Sie mit beiden Beinen in den hohen Ballenstand und wieder zurück auf die Ferse. Machen Sie die Übung 3 x je 15–20 Sek. (Abb. 152, 153).

Abb. 151
Streckung der Fußspitzen nach unten

bb. 152
usgangsstellung

Abb. 153
Hoher Ballenstand

3. Übung

Im Stand hüpfen Sie 10 x leicht auf dem rechten Bein und 10 x auf dem linken Bein nach oben, so daß der ganze Fuß kurz den Boden verläßt (gesamte Übung 5 x; Abb. 154).

4. Übung

Ausgangsstellung ist die Rückenlage, beide Beine sind gestreckt in der Luft. Ziehen Sie abwechselnd eine Fußspitze zu sich her, die andere Fußspitze strecken Sie gleichzeitig von sich weg. Zählen Sie dabei bis 20. Die Übung insgesamt 5 x ausführen (Abb. 155).
Zeitaufwand 20–30 Min.

Abb. 154 **Hüpfen auf einem Bein**

Abb. 155 **Gegengleiche Fußbewegung**

3. Trainingsabschnitt: Meridianmobilisierung durch Akupressur

Gelenke

1. Übung

Akupressieren Sie alle Punkte entlang des hinteren Oberschenkels von unterhalb des Gesäßrandes bis hinunter zur Kniekehle in einer geraden Linie; beide Beine je 3 x (gegen Wadenkrämpfe und Venenstau; Abb. 156).

2. Übung

Akupressieren Sie an beiden Beinen alle Punkte an der Außenseite des Oberschenkels. Fangen Sie oben an der Hüftbeuge an und gehen Sie dann in Richtung Knie. Mit dem Mittelfinger jeden Punkt 3–5 x kräftig drücken (gegen Wadenkrämpfe und Venenstau; Abb. 157).

3. Übung

Akupressieren Sie alle Punkte von der Außenseite des Kniegelenks bis hinunter zur Außenseite des Fußknöchels (vorbeugend gegen Wadenkrämpfe; Abb. 158).

Zeitaufwand: 10 Min.

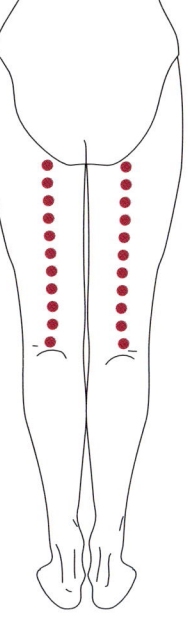

Abb. 156
Punkte bei Wadenkrämpfen und Venenstau

Abb. 157
Punkte bei Wadenkrämpfen und Venenstau

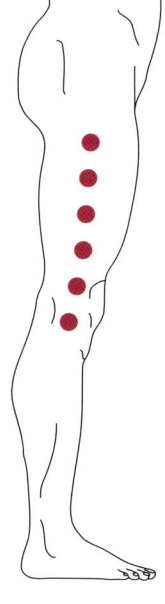

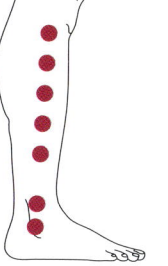

Abb. 158
Punkte zur Vorbeugung gegen Wadenkrämpfe

4. Trainingsabschnitt: Entspannungsphase

Positives Gedankengut

Die folgenden Sätze werden im Liegen mit geschlossenen Augen jeweils für 2 Min. langsam gedacht.

1. »Ich bin fröhlich und frei.«
2. »Ich bin ruhig und entspannt.«
3. »Es ist ein wunderbarer Tag.«
4. »Es geht mir gut.«

Zeitaufwand: 8 Min.

Beenden Sie das Training in der folgenden Reihenfolge:

- Bewegen Sie die Fingerspitzen.
- Greifen Sie mit den Händen aktiv auf und zu.
- Recken und strecken Sie den ganzen Körper.
- Schlagen Sie nun die Augen auf; machen Sie sich bewußt, wo Sie sich befinden, und stehen Sie langsam auf.

Trainingsprogramm im Zeichen der Fische

Herrschende Farbe
bläuliches Weiß

- neutral für alle Schwingungen
- offen für die Kräfte der Umgebung

Körperbereich
Füße, Zehen

Inneres Organ
Nervensystem

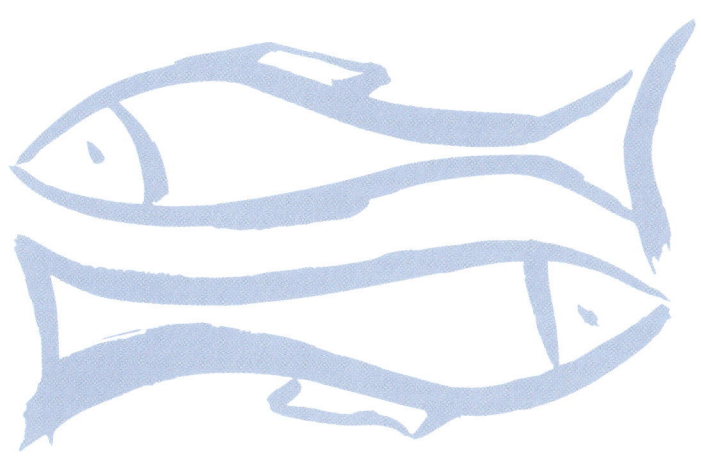

1. Trainingsabschnitt: Atmung

Abb. 159 **Bewußte Leitung der Atmung**

Legen Sie sich entspannt auf eine Unterlage, und schließen Sie die Augen. Atmen Sie ruhig und tief durch die Nase ein und wieder aus.

1. Übung
Leiten Sie die Atmung in die rechten Zehenspitzen (2 Min.).

2. Übung
Leiten Sie die Atmung in die linken Zehenspitzen (2 Min.).

3. Übung
Leiten Sie die Atmung in den rechten Fuß (2 Min.).

4. Übung
Leiten Sie die Atmung in den linken Fuß (2 Min.).
Zeitaufwand: 8 Min.

2. Trainingsabschnitt: Fuß- und Zehengymnastik

Dehnung und Lockerung

1. Übung
Ausgangsstellung ist der Strecksitz. Beide Hände stützen seitlich neben dem Körper. Kreisen Sie mit beiden Füßen abwechselnd nach innen und nach außen (jede Seite 15 x; Abb. 160, 161).

2. Übung
Im Strecksitz ziehen Sie beide Fußspitzen fest zu sich her. Dann die Zehenspitzen lösen und kräftig nach vorn in Richtung Boden strecken (3 x je 1 Min.; Abb. 162, 163).

Abb. 160 **Fußkreisen nach innen**

Abb. 161 **Fußkreisen nach außen**

Abb. 162 **Anziehen der Fußspitzen**

Abb. 163
**Strecken
der Fußspitzen**

Abb. 164
**Greifbewegung
der Zehen**

Abb. 165
**Bewegung
einzelner Zehen**

3. Übung

Im Strecksitz stützen die Hände seitlich neben dem Körper. Greifen Sie 1 Min. lang mit den Zehen kräftig zu und lassen Sie wieder locker (3 x; Abb. 164).

4. Übung

Strecksitz, die Hände stützen seitlich am Boden. Versuchen Sie, alle Zehen des linken und rechten Fußes nacheinander einzeln zu bewegen (5 x; Abb. 165).

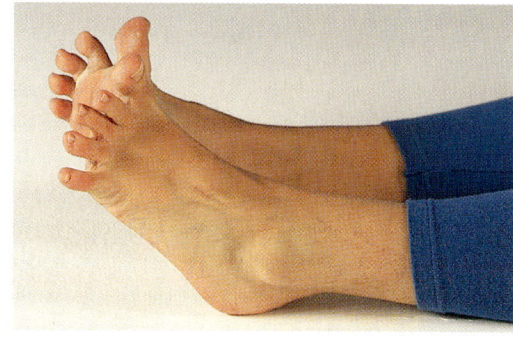

Kräftigung

1. Übung

Ausgangsstellung ist der Strecksitz, die Arme stützen seitlich neben dem Körper. Ziehen Sie beide großen Zehen zu sich her, und drücken Sie gleichzeitig alle anderen vier Zehen stark nach unten in Richtung Boden. Dann wechseln Sie: Die großen Zehen in Richtung Boden strecken, die anderen vier Zehen zu sich herziehen (3 x je 1 Min.; Abb. 166, 167).

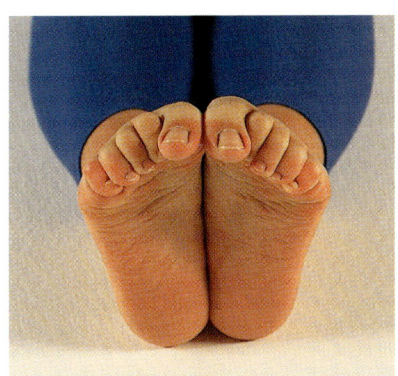

Abb. 168
Aufheben eines Bleistifts mit den Zehen

2. Übung

Versuchen Sie im Stand, mit den Zehen einen Bleistift vom Boden aufzuheben (jeder Fuß 10 x; Abb. 168).

3. Übung

Strecksitz, die Hände stützen seitlich neben dem Körper. Greifen Sie fest mit den Zehen beider Füße zu, dann spreizen Sie die Zehen wieder weit auseinander (3 x je 1 Min.; Abb. 169, 170).

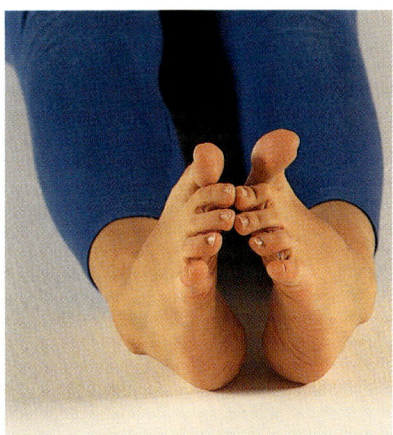

Abb. 169
Anspannen der Zehen

Abb. 166
Große Zehen zum Körper, die anderen zum Boden

Abb. 167
Große Zehen zum Boden, die anderen zum Körper

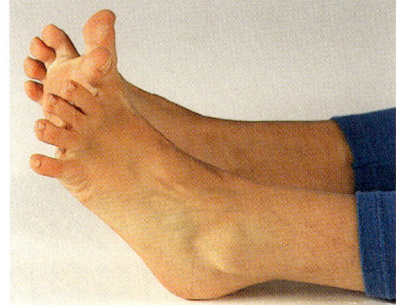

Abb. 170 **Auseinanderspreizen der Zehen**

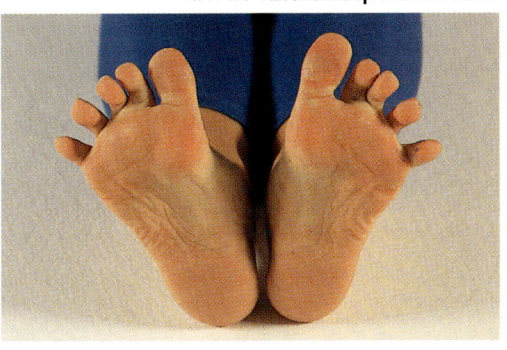

4. Übung

Ausgangsstellung ist die Kerze, die Hände stützen an den Hüften. Machen Sie in dieser Stellung Greifübungen mit den Zehen. Die Beine sind dabei völlig durchgestreckt. Anstatt der Kerze können Sie auch das Gesäß am Boden lassen und nur die Beine hochstrecken (4 x je 1 Min.; Abb. 171, 172).
Zeitaufwand: 20–30 Min.

Abb. 171
**Greifübungen
mit den Zehen bei
hochgestreckten
Beinen**

Abb. 172
**Greifübungen
mit den Zehen bei
hochgestreckten
Beinen**

3. Trainingsabschnitt: Meridianmobilisierung durch Akupressur

Oberschenkel

1. Übung

Akupressieren Sie alle Punkte an der Außenseite der Waden von den Knien abwärts bis hinunter zu den äußeren Fußknöcheln. Mittelstarker Druck mit dem Zeige- und Mittelfinger, bei jedem Bein 4 x (vorbeugend gegen Waden- krämpfe; Abb. 173).

2. Übung

Drücken Sie jeweils alle Gelenke der Zehen (in der Reihenfolge Grund-, Mit- tel- und Endgelenk) mehrmals kurz und kräftig, beide Füße und alle zehn Zehen (wirkt harmonisierend; Abb. 174).

3. Übung

Ziehen Sie bei beiden Füßen 3 x hinter- einander jede Ihrer Zehen nach vorne (wirkt harmonisierend; Abb. 175).
Zeitaufwand: 10 Min.

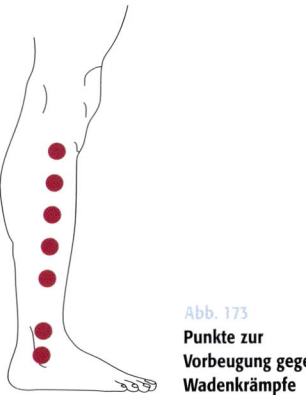

Abb. 173
Punkte zur Vorbeugung gegen Wadenkrämpfe

4. Trainingsabschnitt: Entspannungsphase

Positives Gedankengut

Die folgenden Sätze werden im Liegen mit geschlossenen Augen jeweils für 2 Min. langsam gedacht.
1. »Meine Nerven sind völlig entspannt.«
2. »Es geht mir gut.«
3. »Ich bin völlig gesund und fit.«
Zeitaufwand: 6 Min.

Beenden Sie das Training in der folgenden Reihenfolge:
• Bewegen Sie die Fingerspitzen.
• Greifen Sie mit den Händen aktiv auf und zu.
• Recken und strecken Sie den ganzen Körper.
• Schlagen Sie nun die Augen auf; machen Sie sich bewußt, wo Sie sich befinden, und stehen Sie langsam auf.

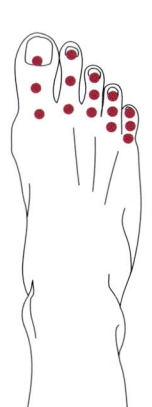

Abb. 174 **Harmonisierungspunkte**   Abb. 175 **Harmonisierung**

Mondkalender für das Jahr 1997

Widder   Stier 🐂   Zwillinge   Krebs 🦀   Löwe 🦁   Jungfrau

Januar

Tag	Mond	Tierkreis-zeichen	Körperbereich
Mi 1			Verdauungsorgane
Do 2 / Fr 3			Hüfte, Nieren, Blase
Sa 4 / So 5			Geschlechtsorgane, Harnleiter
Mo 6 / Di 7			Oberschenkel, Venen
Mi 8 / Do 9			Knie, Haut, Gelenke, Knochen
Fr 10 / Sa 11			Unterschenkel, Venen
So 12 / Mo 13			Füße, Zehen
Di 14 / Mi 15 / Do 16			Kopf, Augen, Nase, Gehirn
Fr 17 / Sa 18			Zähne, Kiefer, Ohren
So 19 / Mo 20			Arme, Schultern, Hände
Di 21 / Mi 22 / Do 23			Brust, Lunge, Magen, Leber, Galle
Fr 24 / Sa 25			Herz, Rücken, Blutkreislauf
So 26 / Mo 27 / Di 28			Verdauungsorgane, Nerven, Milz
Mi 29 / Do 30			Hüfte, Nieren, Blase
Fr 31			Geschlechtsorgane

Februar

Tag	Mond	Tierkreis-zeichen	Körperbereich
Sa 1 / So 2			Geschlechtsorgane, Harnleiter
Mo 3 / Di 4			Oberschenkel, Venen
Mi 5 / Do 6			Knie, Haut, Gelenke, Knochen
Fr 7 / Sa 8			Unterschenkel, Venen
So 9 / Mo 10			Füße, Zehen
Di 11 / Mi 12			Kopf, Augen, Nase, Gehirn
Do 13 / Fr 14			Kiefer, Ohren, Schilddrüse
Sa 15 / So 16 / Mo 17			Arme, Schultern, Hände
Di 18 / Mi 19			Brust, Lunge, Magen, Leber
Do 20 / Fr 21 / Sa 22			Herz, Rücken, Blutkreislauf, Zwerchfell
So 23 / Mo 24			Verdauungsorgane, Nerven, Milz
Di 25 / Mi 26 / Do 27			Hüfte, Nieren, Blase
Fr 28			Geschlechtsorgane

März

Tag	Mond	Tierkreis-zeichen	Körperbereich
Sa 1 / So 2			Geschlechtsorgane, Harnleiter
Mo 3			Oberschenkel
Di 4 / Mi 5			Knie, Haut, Gelenke, Knochen
Do 6 / Fr 7			Unterschenkel, Venen
Sa 8 / So 9			Füße, Zehen
Mo 10 / Di 11			Kopf, Augen, Nase, Gehirn
Mi 12 / Do 13 / Fr 14			Kiefer, Ohren, Schilddrüse
Sa 15 / So 16			Arme, Hände, Schultern
Mo 17 / Di 18			Magen, Leber, Brust, Lunge
Mi 19 / Do 20 / Fr 21			Herz, Rücken, Blutkreislauf
Sa 22 / So 23			Verdauungsorgane, Nerven, Milz
Mo 24 / Di 25 / Mi 26			Hüfte, Nieren, Blase
Do 27 / Fr 28			Geschlechtsorgane, Harnleiter
Sa 29 / So 30 / Mo 31			Oberschenkel, Venen

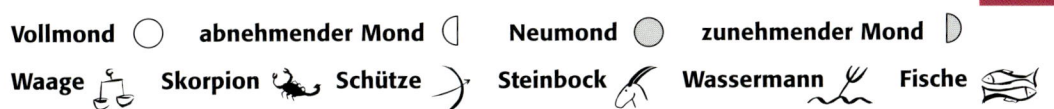

Vollmond ○   **abnehmender Mond** ◗   **Neumond** ●   **zunehmender Mond** ◖

Waage ♎   **Skorpion** ♏   **Schütze** ♐   **Steinbock** ♑   **Wassermann** ♒   **Fische** ♓

April

Tag		Mond	Tierkreis-zeichen	Körperbereich
Di	1			Knie, Haut, Gelenke, Knochen
Mi	2			
Do	3			Unterschenkel, Venen
Fr	4			
Sa	5	▼		Füße, Zehen
So	6			
Mo	7	◖		Kopf, Augen, Nase, Gehirn
Di	8	◖		
Mi	9			Kiefer, Ohren, Schilddrüse
Do	10			
Fr	11			Arme, Hände, Schultern
Sa	12			
So	13			Magen, Leber, Brust, Galle
Mo	14			
Di	15			
Mi	16			Herz, Rücken, Blutkreislauf
Do	17			
Fr	18			Verdauungsorgane, Nerven, Milz
Sa	19			
So	20	▼		
Mo	21			Hüfte, Nieren, Blase
Di	22	○		
Mi	23	◗		Geschlechtsorgane, Harnleiter
Do	24	◗		
Fr	25			Oberschenkel, Venen
Sa	26			
So	27			
Mo	28			Knie, Haut, Gelenke, Knochen
Di	29			
Mi	30	▼		Unterschenkel

Mai

Tag		Mond	Tierkreis-zeichen	Körperbereich
Do	1			Venen
Fr	2			Füße, Zehen
Sa	3			
So	4	▼		Kopf, Augen, Nase, Gehirn
Mo	5	●		
Di	6	◖		Kiefer, Ohren, Schilddrüse
Mi	7	◖		
Do	8			Arme, Hände, Schultern
Fr	9			
Sa	10			
So	11			Magen, Leber, Brust, Galle
Mo	12			
Di	13			Herz, Rücken, Blutkreislauf
Mi	14			
Do	15			Verdauungsorgane, Nerven, Milz
Fr	16			
Sa	17			
So	18	▼		Hüfte, Nieren, Blase
Mo	19			
Di	20	○		Geschlechtsorgane, Harnleiter
Mi	21	◗		
Do	22	◗		
Fr	23			Oberschenkel, Venen
Sa	24			
So	25			Knie, Haut, Gelenke, Knochen
Mo	26			
Di	27			Unterschenkel, Venen
Mi	28			
Do	29			Füße, Zehen
Fr	30			
Sa	31	▼		Kopf, Augen

Juni

Tag		Mond	Tierkreis-zeichen	Körperbereich
So	1			Kopf, Augen, Nase, Gehirn
Mo	2	▼		
Di	3			Kiefer, Ohren, Schilddrüse
Mi	4	○		
Do	5	◗		Arme, Hände, Schultern
Fr	6			
Sa	7			Magen, Leber, Brust, Galle
So	8			
Mo	9			Herz, Rücken, Blutkreislauf, Zwerchfell
Di	10			
Mi	11			
Do	12			Verdauungsorgane, Nerven, Milz
Fr	13			
Sa	14			Hüfte, Nieren, Blase
So	15			
Mo	16			
Di	17			Geschlechtsorgane, Harnleiter
Mi	18			
Do	19	○		Oberschenkel, Venen
Fr	20			
Sa	21	◖		Knie, Haut, Gelenke, Knochen
So	22			
Mo	23			Unterschenkel, Venen
Di	24			
Mi	25			
Do	26			Füße, Zehen
Fr	27			
Sa	28			Kopf, Augen, Nase, Gehirn
So	29			
Mo	30	▼		Kiefer, Ohren

Mondkalender für das Jahr 1997

Widder  Stier Zwillinge Krebs Löwe Jungfrau

Juli

Tag	Mond	Tierkreis-zeichen	Körperbereich
Di 1			Schilddrüse
Mi 2 Do 3			Arme, Hände, Schultern
Fr 4 Sa 5 So 6			Magen, Leber, Brust, Galle
Mo 7 Di 8			Herz, Rücken, Blutkreislauf,
Mi 9 Do 10 Fr 11			Verdauungsorgane, Nerven, Milz
Sa 12 So 13			Hüfte, Nieren, Blase
Mo 14 Di 15 Mi 16			Geschlechtsorgane, Harnleiter
Do 17 Fr 18			Oberschenkel, Venen
Sa 19 So 20			Knie, Haut, Gelenke, Knochen
Mo 21 Di 22			Unterschenkel, Venen
Mi 23 Do 24			Füße, Zehen
Fr 25 Sa 26			Kopf, Augen, Nase, Gehirn
So 27 Mo 28			Kiefer, Ohren Schilddrüse
Di 29 Mi 30 Do 31			Arme, Hände, Schultern

August

Tag	Mond	Tierkreis-zeichen	Körperbereich
Fr 1 Sa 2			Magen, Leber, Brust, Galle
So 3 Mo 4			Herz, Rücken, Blutkreislauf,
Di 5 Mi 6 Do 7			Verdauungsorgane, Nerven, Milz
Fr 8 Sa 9			Hüfte, Nieren, Blase
So 10 Mo 11 Di 12			Geschlechtsorgane, Harnleiter
Mi 13 Do 14			Oberschenkel, Venen
Fr 15 Sa 16			Knie, Haut, Gelenke, Knochen
So 17 Mo 18			Unterschenkel, Venen
Di 19 Mi 20			Füße, Zehen
Do 21 Fr 22			Kopf, Augen, Nase, Gehirn
Sa 23 So 24			Kiefer, Ohren, Schilddrüse
Mo 25 Di 26 Mi 27			Arme, Hände, Schultern
Do 28 Fr 29			Magen, Leber, Brust, Galle
Sa 30 So 31			Herz, Rücken, Blutkreislauf

September

Tag	Mond	Tierkreis-zeichen	Körperbereich
Mo 1			Zwerchfell
Di 2 Mi 3			Verdauungsorgane, Nerven, Milz
Do 4 Fr 5 Sa 6			Hüfte, Nieren, Blase
So 7 Mo 8			Geschlechtsorgane, Harnleiter
Di 9 Mi 10 Do 11			Oberschenkel, Venen
Fr 12 Sa 13			Knie, Haut, Gelenke, Knochen
So 14 Mo 15			Unterschenkel, Venen
Di 16 Mi 17			Füße, Zehen
Do 18 Fr 19			Kopf, Augen, Nase, Gehirn
Sa 20 So 21			Kiefer, Ohren, Schilddrüse
Mo 22 Di 23			Arme, Hände, Schultern
Mi 24 Do 25			Magen, Leber, Brust, Galle
Fr 26 Sa 27 So 28			Herz, Rücken, Blutkreislauf, Zwerchfell
Mo 29 Di 30			Verdauungsorgane, Nerven, Milz

Vollmond ○   **abnehmender Mond** ◖   **Neumond** ●   **zunehmender Mond** ◗

Waage ♎   **Skorpion** 🦂   **Schütze** ⟿   **Steinbock**   **Wassermann** ≈   **Fische** 🐟

Oktober

Tag		Mond	Tierkreis-zeichen	Körperbereich
Mi	1	○	♎	Hüfte, Nieren, Blase
Do	2	◗		
Fr	3			
Sa	4		🦂	Geschlechtsorgane, Harnleiter
So	5			
Mo	6		⟿	Oberschenkel, Venen
Di	7			
Mi	8			
Do	9			Knie, Haut, Gelenke, Knochen
Fr	10			
Sa	11		≈	Unterschenkel, Venen
So	12			
Mo	13		🐟	Füße, Zehen
Di	14			
Mi	15	▼		Kopf, Augen, Nase, Gehirn
Do	16	○		
Fr	17	◖		Kiefer, Ohren, Schilddrüse
Sa	18			
So	19			Arme, Schultern, Hände
Mo	20			
Di	21			Magen, Leber, Brust, Galle
Mi	22			
Do	23			
Fr	24			Herz, Rücken, Blutkreislauf
Sa	25			
So	26			Verdauungsorgane, Nerven, Milz
Mo	27			
Di	28			
Mi	29		♎	Hüfte, Nieren, Blase
Do	30	▼		
Fr	31	●	🦂	Geschlechtsorgane

November

Tag		Mond	Tierkreis-zeichen	Körperbereich
Sa	1	◗	🦂	Geschlechtsorgane, Harnleiter
So	2			
Mo	3		⟿	Oberschenkel, Venen
Di	4			
Mi	5			Knie, Haut, Gelenke, Knochen
Do	6			
Fr	7		≈	Unterschenkel, Venen
Sa	8			
So	9		🐟	Füße, Zehen
Mo	10			
Di	11			
Mi	12			Kopf, Augen, Nase, Gehirn
Do	13	▼		
Fr	14	○		Kiefer, Ohren, Schilddrüse
Sa	15	◖		
So	16			Arme, Hände, Schultern
Mo	17			
Di	18			Magen, Leber, Brust, Galle
Mi	19			
Do	20			Herz, Rücken, Blutkreislauf, Zwerchfell
Fr	21			
Sa	22			
So	23			Verdauungsorgane, Nerven, Milz
Mo	24			
Di	25			Hüfte, Nieren, Blase
Mi	26		♎	
Do	27			
Fr	28		🦂	Geschlechtsorgane, Harnleiter
Sa	29	▼		
So	30	●	⟿	Oberschenkel

Dezember

Tag		Mond	Tierkreis-zeichen	Körperbereich
Mo	1	◗	⟿	Venen
Di	2			Knie, Haut, Gelenke, Knochen
Mi	3			
Do	4		≈	Unterschenkel, Venen
Fr	5			
Sa	6			
So	7		🐟	Füße, Zehen
Mo	8			
Di	9			Kopf, Augen, Nase, Gehirn
Mi	10			
Do	11			Kiefer, Ohren, Schilddrüse
Fr	12	▼		
Sa	13			Arme, Hände, Schultern
So	14	○		
Mo	15	◖		Magen, Leber, Brust, Galle
Di	16			
Mi	17			Herz, Rücken, Blutkreislauf, Zwerchfell
Do	18			
Fr	19			
Sa	20			Verdauungsorgane, Nerven, Milz
So	21			
Mo	22		♎	Hüfte, Nieren, Blase
Di	23			
Mi	24			
Do	25		🦂	Geschlechtsorgane, Harnleiter
Fr	26			
Sa	27	▼	⟿	Oberschenkel, Venen
So	28			
Mo	29	●		
Di	30			Knie, Haut, Gelenke, Knochen
Mi	31			

Mondkalender für das Jahr 1998

Widder   Stier   Zwillinge   Krebs   Löwe Jungfrau

Januar

Tag	Mond	Tierkreis-zeichen	Körperbereich
Do 1 / Fr 2			Unterschenkel, Venen
Sa 3 / So 4			Füße, Zehen
Mo 5 / Di 6			Kopf, Augen, Nase, Gehirn
Mi 7 / Do 8			Zähne, Kiefer, Ohren
Fr 9 / Sa 10 / So 11			Arme, Schultern, Hände
Mo 12 / Di 13			Brust, Lunge, Magen, Leber
Mi 14 / Do 15			Herz, Rücken, Blutkreislauf
Fr 16 / Sa 17 / So 18			Verdauungsorgane, Nerven, Milz
Mo 19 / Di 20			Hüfte, Nieren, Blase
Mi 21 / Do 22 / Fr 23			Geschlechtsorgane, Harnleiter
Sa 24 / So 25			Oberschenkel, Venen
Mo 26 / Di 27			Knie, Haut, Gelenke, Knochen
Mi 28 / Do 29			Unterschenkel, Venen
Fr 30 / Sa 31			Füße, Zehen

Februar

Tag	Mond	Tierkreis-zeichen	Körperbereich
So 1 / Mo 2			Kopf, Augen, Nase, Gehirn
Di 3 / Mi 4 / Do 5			Kiefer, Ohren, Schilddrüse
Fr 6 / Sa 7			Arme, Schultern
So 8 / Mo 9			Brust, Lunge, Magen, Leber,
Di 10 / Mi 11 / Do 12			Herz, Rücken, Blutkreislauf, Zwerchfell
Fr 13 / Sa 14			Verdauungsorgane, Nerven, Milz
So 15 / Mo 16 / Di 17			Hüfte, Nieren, Blase
Mi 18 / Do 19			Geschlechtsorgane, Harnleiter
Fr 20 / Sa 21			Oberschenkel, Venen
So 22 / Mo 23 / Di 24			Knie, Haut, Gelenke, Knochen
Mi 25 / Do 26			Unterschenkel, Venen
Fr 27 / Sa 28			Füße, Zehen

März

Tag	Mond	Tierkreis-zeichen	Körperbereich
So 1 / Mo 2			Kopf, Augen, Nase, Gehirn
Di 3 / Mi 4			Kiefer, Ohren, Schilddrüse
Do 5 / Fr 6			Arme, Hände, Schultern
Sa 7 / So 8			Magen, Leber, Brust, Galle
Mo 9 / Di 10 / Mi 11			Herz, Rücken Blutkreislauf
Do 12 / Fr 13			Verdauungsorgane, Nerven, Milz
Sa 14 / So 15 / Mo 16			Hüfte, Nieren, Blase
Di 17 / Mi 18			Geschlechtsorgane, Harnleiter
Do 19 / Fr 20 / Sa 21			Oberschenkel, Venen
So 22 / Mo 23			Knie, Haut, Gelenke, Knochen
Di 24 / Mi 25			Unterschenkel, Venen
Do 26 / Fr 27			Füße, Zehen
Sa 28 / So 29			Kopf, Augen, Nase, Gehirn
Mo 30 / Di 31			Kiefer, Ohren, Schilddrüse

Vollmond **abnehmender Mond** **Neumond** **zunehmender Mond**

April

Tag	Mond	Tierkreis-zeichen	Körperbereich
Mi 1 Do 2			Arme, Hände, Schultern
Fr 3 Sa 4 So 5			Magen, Leber, Brust, Galle
Mo 6 Di 7			Herz, Rücken, Blutkreislauf
Mi 8 Do 9 Fr 10			Verdauungsorgane, Nerven, Milz
Sa 11 So 12	○		Hüfte, Nieren, Blase
Mo 13 Di 14 Mi 15			Geschlechtsorgane, Harnleiter
Do 16 Fr 17			Oberschenkel, Venen
Sa 18 So 19			Knie, Haut, Gelenke, Knochen
Mo 20 Di 21 Mi 22			Unterschenkel, Venen
Do 23 Fr 24			Füße, Zehen
Sa 25 So 26	○		Kopf, Augen, Nase, Gehirn
Mo 27 Di 28	◐		Kiefer, Ohren, Schilddrüse
Mi 29 Do 30			Arme, Hände, Schultern

Mai

Tag	Mond	Tierkreis-zeichen	Körperbereich
Fr 1 Sa 2			Magen, Leber, Brust, Galle
So 3 Mo 4			Herz, Rücken, Blutkreislauf
Di 5 Mi 6 Do 7			Verdauungsorgane, Nerven, Milz
Fr 8 Sa 9			Hüfte, Nieren, Blase
So 10 Mo 11 Di 12	○		Geschlechtsorgane, Harnleiter
Mi 13 Do 14			Oberschenkel, Venen
Fr 15 Sa 16 So 17			Knie, Haut, Gelenke, Knochen
Mo 18 Di 19			Unterschenkel, Venen
Mi 20 Do 21			Füße, Zehen
Fr 22 Sa 23			Kopf, Augen, Nase, Gehirn
So 24 Mo 25	○		Kiefer, Ohren, Schilddrüse
Di 26 Mi 27	◐		Arme, Hände, Schultern
Do 28 Fr 29			Magen, Leber, Brust, Galle
Sa 30 So 31			Herz, Rücken, Blutkreislauf

Juni

Tag	Mond	Tierkreis-zeichen	Körperbereich
Mo 1			Zwerchfell
Di 2 Mi 3			Verdauungsorgane, Nerven, Milz
Do 4 Fr 5 Sa 6			Hüfte, Nieren, Blase
So 7 Mo 8			Geschlechtsorgane, Harnleiter
Di 9 Mi 10 Do 11	○		Oberschenkel, Venen
Fr 12 Sa 13			Knie, Haut, Gelenke, Knochen
So 14 Mo 15			Unterschenkel, Venen
Di 16 Mi 17			Füße, Zehen
Do 18 Fr 19			Kopf, Augen, Nase, Gehirn
Sa 20 So 21			Kiefer, Ohren, Schilddrüse
Mo 22 Di 23			Arme, Hände, Schultern
Mi 24 Do 25 Fr 26	○		Magen, Leber, Brust, Galle
Sa 27 So 28			Herz, Rücken, Blutkreislauf
Mo 29 Di 30			Verdauungsorgane, Nerven

Mondkalender für das Jahr 1998

Widder (spiral) Stier  Zwillinge   Krebs   Löwe (Löwe-Symbol) Jungfrau

Juli

Tag	Mond	Tierkreis-zeichen	Körperbereich
Mi 1, Do 2, Fr 3		Waage	Hüfte, Nieren, Blase
Sa 4, So 5		Skorpion	Geschlechtsorgane, Harnleiter
Mo 6, Di 7, Mi 8		Schütze	Oberschenkel, Venen
Do 9, Fr 10	●	Steinbock	Knie, Haut, Gelenke, Knochen
Sa 11, So 12		Wassermann	Unterschenkel, Venen
Mo 13, Di 14		Fische	Füße, Zehen
Mi 15, Do 16, Fr 17		Widder	Kopf, Augen, Nase, Gehirn
Sa 18, So 19		Stier	Kiefer, Ohren, Schilddrüse
Mo 20, Di 21		Zwillinge	Arme, Hände, Schultern
Mi 22, Do 23	○	Krebs	Magen, Leber, Brust, Galle
Fr 24, Sa 25	◗	Löwe	Herz, Rücken, Blutkreislauf
So 26, Mo 27, Di 28		Jungfrau	Verdauungsorgane, Nerven, Milz
Mi 29, Do 30		Waage	Hüfte, Nieren, Blase
Fr 31		Skorpion	Geschlechtsorgane

August

Tag	Mond	Tierkreis-zeichen	Körperbereich
Sa 1, So 2		Skorpion	Harnleiter
Mo 3, Di 4		Schütze	Oberschenkel, Venen
Mi 5, Do 6		Steinbock	Knie, Haut, Gelenke, Knochen
Fr 7, Sa 8, So 9	○	Wassermann	Unterschenkel, Venen
Mo 10, Di 11		Fische	Füße, Zehen
Mi 12, Do 13		Widder	Kopf, Augen, Nase, Gehirn
Fr 14, Sa 15		Stier	Kiefer, Ohren, Schilddrüse
So 16, Mo 17		Zwillinge	Arme, Hände, Schultern
Di 18, Mi 19		Krebs	Magen, Leber, Brust, Galle
Do 20, Fr 21, Sa 22	○	Löwe	Herz, Rücken, Blutkreislauf, Zwerchfell
So 23, Mo 24	◗	Jungfrau	Verdauungsorgane, Nerven, Milz
Di 25, Mi 26, Do 27		Waage	Hüfte, Nieren, Blase
Fr 28, Sa 29		Skorpion	Geschlechtsorgane, Harnleiter
So 30, Mo 31		Schütze	Oberschenkel, Venen

September

Tag	Mond	Tierkreis-zeichen	Körperbereich
Di 1		Schütze	Oberschenkel
Mi 2, Do 3		Steinbock	Knie, Haut, Gelenke, Knochen
Fr 4, Sa 5		Wassermann	Unterschenkel, Venen
So 6, Mo 7	◗	Fische	Füße, Zehen
Di 8, Mi 9		Widder	Kopf, Augen, Nase, Gehirn
Do 10, Fr 11		Stier	Kiefer, Ohren, Schilddrüse
Sa 12, So 13		Zwillinge	Arme, Hände, Schultern
Mo 14, Di 15, Mi 16		Krebs	Magen, Leber, Brust, Galle
Do 17, Fr 18		Löwe	Herz, Rücken, Blutkreislauf
Sa 19, So 20	○	Jungfrau	Verdauungsorgane, Nerven, Milz
Mo 21, Di 22, Mi 23	◗	Waage	Hüfte, Nieren, Blase
Do 24, Fr 25		Skorpion	Geschlechtsorgane, Harnleiter
Sa 26, So 27, Mo 28		Schütze	Oberschenkel, Venen
Di 29, Mi 30		Steinbock	Knie, Haut, Gelenke, Knochen

Vollmond ○ **abnehmender Mond** ☽ **Neumond** ● **zunehmender Mond** ☽

Waage ♎ **Skorpion** ♏ **Schütze** ♐ **Steinbock** ♑ **Wassermann** ♒ **Fische** ♓

Oktober

Tag		Mond	Tierkreis-zeichen	Körperbereich
Do	1		♒	Unterschenkel, Venen
Fr	2			
Sa	3	▼	♓	Füße, Zehen
So	4			
Mo	5	●		
Di	6	☽	♈	Kopf, Augen
Mi	7		♉	Kiefer, Ohren, Schilddrüse
Do	8			
Fr	9		♊	Arme, Hände, Schultern,
Sa	10			
So	11			
Mo	12		♋	Magen, Leber, Brust, Galle
Di	13			
Mi	14		♌	Herz, Rücken, Blutkreislauf
Do	15			
Fr	16		♍	Verdauungsorgane, Nerven, Milz
Sa	17			
So	18			
Mo	19	▼	♎	Hüfte, Nieren, Blase
Di	20	○		
Mi	21	☽	♏	Geschlechtsorgane, Harnleiter
Do	22			
Fr	23			
Sa	24		♐	Oberschenkel, Venen
So	25			
Mo	26		♑	Knie, Haut, Gelenke, Knochen
Di	27			
Mi	28			
Do	29		♒	Unterschenkel, Venen
Fr	30			
Sa	31	▼	♓	Füße, Zehen

November

Tag		Mond	Tierkreis-zeichen	Körperbereich
So	1		♓	Füße, Zehen
Mo	2	▼	♈	Kopf, Augen, Nase, Gehirn
Di	3			
Mi	4	●	♉	Kiefer, Ohren, Schilddrüse
Do	5	☽		
Fr	6		♊	Arme, Hände, Schultern
Sa	7			
So	8		♋	Magen, Leber, Brust, Galle
Mo	9			
Di	10		♌	Herz, Rücken, Blutkreislauf
Mi	11			
Do	12		♍	Verdauungsorgane, Nerven, Milz
Fr	13			
Sa	14			
So	15		♎	Hüfte, Nieren
Mo	16			
Di	17	▼	♏	Geschlechtsorgane, Harnleiter
Mi	18			
Do	19	○		
Fr	20	☽	♐	Oberschenkel, Venen
Sa	21			
So	22		♑	Knie, Haut, Gelenke, Knochen
Mo	23			
Di	24			
Mi	25		♒	Unterschenkel, Venen
Do	26			
Fr	27		♓	Füße, Zehen
Sa	28			
So	29	▼	♈	Kopf, Augen, Nase, Gehirn
Mo	30			

Dezember

Tag		Mond	Tierkreis-zeichen	Körperbereich
Di	1	▼	♉	Kiefer, Ohren, Schilddrüse
Mi	2			
Do	3	○	♊	Arme, Hände, Schultern
Fr	4			
Sa	5		♋	Magen, Leber, Brust, Galle
So	6			
Mo	7		♌	Herz, Rücken, Blutkreislauf, Zwerchfell
Di	8			
Mi	9			
Do	10		♍	Verdauungsorgane, Nerven, Milz
Fr	11			
Sa	12		♎	Hüfte, Nieren, Blase
So	13			
Mo	14			
Di	15		♏	Geschlechtsorgane, Harnleiter
Mi	16			
Do	17	☽	♐	Oberschenkel, Venen
Fr	18	☽		
Sa	19			
So	20		♑	Knie, Haut, Gelenke, Knochen
Mo	21			
Di	22		♒	Unterschenkel, Venen
Mi	23			
Do	24		♓	Füße, Zehen
Fr	25			
Sa	26			
So	27		♈	Kopf, Augen, Nase, Gehirn
Mo	28			
Di	29		♉	Kiefer, Ohren Schilddrüse
Mi	30			
Do	31	▼	♊	Arme, Hände

Mondkalender für das Jahr 1999

Widder  Stier  Zwillinge  Krebs Löwe Jungfrau

Januar

Tag		Mond	Tierkreis-zeichen	Körperbereich
Fr	1		Zwillinge	Arme, Schultern
Sa	2	◐	Krebs	Brust, Lunge, Magen, Leber
So	3	◐		
Mo	4		Löwe	Herz, Rücken, Blutkreislauf
Di	5			
Mi	6		Jungfrau	Verdauungsorgane, Nerven, Milz
Do	7			
Fr	8			
Sa	9		Waage	Hüfte, Nieren, Blase
So	10			
Mo	11		Skorpion	Geschlechtsorgane, Harnleiter
Di	12			
Mi	13			
Do	14		Schütze	Oberschenkel, Venen
Fr	15			
Sa	16	○	Steinbock	Knie, Haut, Gelenke, Knochen
So	17	○		
Mo	18	◑	Wassermann	Unterschenkel, Venen
Di	19			
Mi	20			
Do	21		Fische	Füße, Zehen
Fr	22			
Sa	23		Widder	Kopf, Augen, Nase, Gehirn
So	24			
Mo	25		Stier	Kiefer, Ohren Schilddrüse
Di	26			
Mi	27		Zwillinge	Arme, Schultern
Do	28			
Fr	29		Krebs	Brust, Lunge, Magen, Leber
Sa	30			
So	31	○	Löwe	Herz, Rücken

Februar

Tag		Mond	Tierkreis-zeichen	Körperbereich
Mo	1	◑	Löwe	Blutkreislauf, Zwerchfell
Di	2			
Mi	3		Jungfrau	Verdauungsorgane, Nerven, Milz
Do	4			
Fr	5		Waage	Hüfte, Nieren, Blase
Sa	6			
So	7		Skorpion	Geschlechtsorgane, Harnleiter
Mo	8			
Di	9			
Mi	10		Schütze	Oberschenkel, Venen
Do	11			
Fr	12		Steinbock	Knie, Haut, Gelenke, Knochen
Sa	13			
So	14			
Mo	15	○	Wassermann	Unterschenkel, Venen
Di	16	○		
Mi	17	◐	Fische	Füße, Zehen
Do	18			
Fr	19		Widder	Kopf, Augen, Nase, Gehirn
Sa	20			
So	21		Stier	Kiefer, Ohren, Schilddrüse
Mo	22			
Di	23		Zwillinge	Arme, Hände, Schultern
Mi	24			
Do	25		Krebs	Magen, Leber Brust, Galle
Fr	26			
Sa	27			
So	28		Löwe	Herz, Rücken

März

Tag		Mond	Tierkreis-zeichen	Körperbereich
Mo	1		Löwe	Blutkreislauf
Di	2	◑	Jungfrau	Verdauungsorgane, Nerven, Milz
Mi	3	◑		
Do	4		Waage	Hüfte, Nieren, Blase
Fr	5			
Sa	6			
So	7		Skorpion	Geschlechtsorgane, Harnleiter
Mo	8			
Di	9		Schütze	Oberschenkel, Venen
Mi	10			
Do	11			
Fr	12		Steinbock	Knie, Haut, Gelenke, Knochen
Sa	13			
So	14		Wassermann	Unterschenkel, Venen
Mo	15			
Di	16	○	Fische	Füße, Zehen
Mi	17	○		
Do	18	◐		
Fr	19		Widder	Kopf, Augen, Nase, Gehirn
Sa	20			
So	21		Stier	Kiefer, Ohren, Schilddrüse
Mo	22			
Di	23		Zwillinge	Arme, Hände, Schultern
Mi	24			
Do	25		Krebs	Magen, Leber, Brust
Fr	26			
Sa	27		Löwe	Herz, Rücken, Blutkreislauf
So	28			
Mo	29		Jungfrau	Verdauungsorgane, Nerven, Milz
Di	30			
Mi	31	○		

Vollmond ○ **abnehmender Mond** ☾ **Neumond** ● **zunehmender Mond** ☽

Waage ♎ **Skorpion** ♏ **Schütze** ♐ **Steinbock** ♑ **Wassermann** ♒ **Fische** ♓

April

Tag	Mond	Tierkreiszeichen	Körperbereich
Do 1 / Fr 2		Waage	Hüfte, Nieren, Blase
Sa 3 / So 4 / Mo 5		Skorpion	Geschlechtsorgane, Harnleiter
Di 6 / Mi 7		Schütze	Oberschenkel, Venen
Do 8 / Fr 9 / Sa 10		Steinbock	Knie, Haut, Gelenke, Knochen
So 11 / Mo 12		Wassermann	Unterschenkel, Venen
Di 13 / Mi 14		Fische	Füße, Zehen
Do 15 / Fr 16		Widder	Kopf, Augen, Nase, Gehirn
Sa 17 / So 18		Stier	Kiefer, Ohren, Schilddrüse
Mo 19 / Di 20		Zwillinge	Arme, Hände, Schultern
Mi 21 / Do 22		Krebs	Magen, Leber, Brust, Galle
Fr 23 / Sa 24		Löwe	Herz, Rücken, Blutkreislauf
So 25 / Mo 26 / Di 27		Jungfrau	Verdauungsorgane, Nerven, Milz
Mi 28 / Do 29		Waage	Hüfte, Nieren, Blase
Fr 30		Skorpion	Geschlechtsorgane

Mai

Tag	Mond	Tierkreiszeichen	Körperbereich
Sa 1 / So 2		Skorpion	Harnleiter
Mo 3 / Di 4		Schütze	Oberschenkel, Venen
Mi 5 / Do 6 / Fr 7		Steinbock	Knie, Haut, Gelenke, Knochen
Sa 8 / So 9		Wassermann	Unterschenkel, Venen
Mo 10 / Di 11		Fische	Füße, Zehen
Mi 12 / Do 13		Widder	Kopf, Augen, Nase, Gehirn
Fr 14 / Sa 15		Stier	Kiefer, Ohren, Schilddrüse
So 16 / Mo 17		Zwillinge	Arme, Hände, Schultern
Di 18 / Mi 19		Krebs	Magen, Leber, Brust, Galle
Do 20 / Fr 21 / Sa 22		Löwe	Herz, Rücken, Blutkreislauf, Zwerchfell
So 23 / Mo 24		Jungfrau	Verdauungsorgane, Nerven, Milz
Di 25 / Mi 26 / Do 27		Waage	Hüfte, Nieren, Blase
Fr 28 / Sa 29		Skorpion	Geschlechtsorgane, Harnleiter
So 30 / Mo 31		Schütze	Oberschenkel, Venen

Juni

Tag	Mond	Tierkreiszeichen	Körperbereich
Di 1		Schütze	Venen
Mi 2 / Do 3		Steinbock	Knie, Haut, Gelenke, Knochen
Fr 4 / Sa 5		Wassermann	Unterschenkel, Venen
So 6 / Mo 7 / Di 8		Fische	Füße, Zehen
Mi 9 / Do 10		Widder	Kopf, Augen, Nase, Gehirn
Fr 11 / Sa 12		Stier	Kiefer, Ohren, Schilddrüse
So 13 / Mo 14		Zwillinge	Arme, Hände, Schultern
Di 15 / Mi 16		Krebs	Magen, Leber, Brust
Do 17 / Fr 18		Löwe	Herz, Rücken, Blutkreislauf
Sa 19 / So 20		Jungfrau	Verdauungsorgane, Nerven, Milz
Mo 21 / Di 22 / Mi 23		Waage	Hüfte, Nieren, Blase
Do 24 / Fr 25		Skorpion	Geschlechtsorgane, Harnleiter
Sa 26 / So 27 / Mo 28		Schütze	Oberschenkel, Venen
Di 29 / Mi 30		Steinbock	Knie, Haut, Gelenke, Knochen

Mondkalender für das Jahr 1999

Widder Stier Zwillinge ⚭ Krebs ♋ Löwe ♌ Jungfrau ♍

Juli

Tag	Mond	Tierkreis-zeichen	Körperbereich
Do 1 Fr 2 Sa 3		♒	Unterschenkel, Venen
So 4 Mo 5		♓	Füße, Zehen
Di 6 Mi 7		♈	Kopf, Augen, Nase, Gehirn
Do 8 Fr 9		♉	Kiefer, Ohren, Schilddrüse
Sa 10 So 11		♊	Arme, Hände, Schultern
Mo 12 Di 13	○	♋	Magen, Leber, Brust, Galle
Mi 14 Do 15	◑	♌	Herz, Rücken, Blutkreislauf
Fr 16 Sa 17 So 18		♍	Verdauungsorgane, Nerven, Milz
Mo 19 Di 20		♎	Hüfte, Nieren, Blase
Mi 21 Do 22 Fr 23		♏	Geschlechtsorgane, Harnleiter
Sa 24 So 25		♐	Oberschenkel, Venen
Mo 26 Di 27 Mi 28	◐	♑	Knie, Haut, Gelenke, Knochen
Do 29 Fr 30		♒	Unterschenkel, Venen
Sa 31	▼	♓	Füße, Zehen

August

Tag	Mond	Tierkreis-zeichen	Körperbereich
So 1		♓	Füße, Zehen
Mo 2 Di 3		♈	Kopf, Augen, Nase, Gehirn
Mi 4 Do 5		♉	Kiefer, Ohren, Schilddrüse
Fr 6 Sa 7 So 8		♊	Arme, Hände, Schultern
Mo 9 Di 10	▼	♋	Magen, Leber, Brust, Galle
Mi 11 Do 12	○	♌	Herz, Rücken, Blutkreislauf
Fr 13 Sa 14		♍	Verdauungsorgane, Nerven, Milz
So 15 Mo 16		♎	Hüfte, Nieren
Di 17 Mi 18 Do 19		♏	Geschlechtsorgane, Harnleiter
Fr 20 Sa 21		♐	Oberschenkel, Venen
So 22 Mo 23 Di 24		♑	Knie, Haut, Gelenke, Knochen
Mi 25 Do 26	▼	♒	Unterschenkel, Venen
Fr 27 Sa 28	○	♓	Füße, Zehen
So 29 Mo 30 Di 31		♈	Kopf, Augen, Nase, Gehirn

September

Tag	Mond	Tierkreis-zeichen	Körperbereich
Mi 1 Do 2		♉	Kiefer, Ohren, Schilddrüse
Fr 3 Sa 4		♊	Arme, Hände, Schultern
So 5 Mo 6		♋	Magen, Leber, Brust, Galle
Di 7 Mi 8	▼	♌	Herz, Rücken, Blutkreislauf
Do 9 Fr 10	◑	♍	Verdauungsorgane, Nerven, Milz
Sa 11 So 12 Mo 13		♎	Hüfte, Nieren, Blase
Di 14 Mi 15		♏	Geschlechtsorgane, Harnleiter
Do 16 Fr 17 Sa 18		♐	Oberschenkel, Venen
So 19 Mo 20		♑	Knie, Haut, Gelenke, Knochen
Di 21 Mi 22 Do 23		♒	Unterschenkel, Venen
Fr 24 Sa 25	○	♓	Füße, Zehen
So 26 Mo 27	◐	♈	Kopf, Augen, Nase, Gehirn
Di 28 Mi 29		♉	Kiefer, Ohren Schilddrüse
Do 30	▼	♊	Arme, Hände

Vollmond ◯ **abnehmender Mond** ◖ **Neumond** ◗ **zunehmender Mond** ◗

Waage ♎ **Skorpion** 🦂 **Schütze** ➷ **Steinbock** 🐐 **Wassermann** ♒ **Fische** 🐟

Oktober

Tag	Mond	Tierkreis-zeichen	Körperbereich
Fr 1			Schultern
Sa 2 / So 3			Magen, Leber, Brust, Galle
Mo 4 / Di 5			Herz, Rücken, Blutkreislauf
Mi 6 / Do 7 / Fr 8	▼		Verdauungsorgane, Nerven, Milz
Sa 9 / So 10	◯ ◗		Hüfte, Nieren, Blase
Mo 11 / Di 12 / Mi 13			Geschlechtsorgane, Harnleiter
Do 14 / Fr 15			Oberschenkel, Venen
Sa 16 / So 17 / Mo 18			Knie, Haut, Gelenke, Knochen
Di 19 / Mi 20			Unterschenkel, Venen
Do 21 / Fr 22	▼		Füße, Zehen
Sa 23 / So 24	◯		Kopf, Augen, Nase, Gehirn
Mo 25 / Di 26	◖		Kiefer, Ohren, Schilddrüse
Mi 27 / Do 28			Arme, Hände, Schultern
Fr 29 / Sa 30			Magen, Leber, Brust, Galle
So 31	▼		Herz, Rücken

November

Tag	Mond	Tierkreis-zeichen	Körperbereich
Mo 1 / Di 2			Herz, Rücken, Blutkreislauf
Mi 3 / Do 4			Verdauungsorgane, Nerven, Milz
Fr 5 / Sa 6	▼		Hüfte, Nieren,
So 7 / Mo 8 / Di 9	◗ ◗		Geschlechtsorgane, Harnleiter
Mi 10 / Do 11			Oberschenkel, Venen
Fr 12 / Sa 13 / So 14			Knie, Haut, Gelenke, Knochen
Mo 15 / Di 16			Unterschenkel, Venen
Mi 17 / Do 18 / Fr 19			Füße, Zehen
Sa 20 / So 21			Kopf, Augen, Nase, Gehirn
Mo 22 / Di 23	▼ ◯		Kiefer, Ohren, Schilddrüse
Mi 24 / Do 25	◖		Arme, Hände, Schultern
Fr 26 / Sa 27			Magen, Leber, Brust, Galle
So 28 / Mo 29			Herz, Rücken, Blutkreislauf
Di 30	▼		Verdauungsorgane

Dezember

Tag	Mond	Tierkreis-zeichen	Körperbereich
Mi 1			Nerven, Milz
Do 2 / Fr 3 / Sa 4			Hüfte, Nieren, Blase
So 5 / Mo 6	▼		Geschlechtsorgane, Harnleiter
Di 7 / Mi 8 / Do 9	◯ ◗		Oberschenkel, Venen
Fr 10 / Sa 11			Knie, Haut, Gelenke, Knochen
So 12 / Mo 13 / Di 14			Unterschenkel, Venen
Mi 15 / Do 16			Füße, Zehen
Fr 17 / Sa 18			Kopf, Augen, Nase, Gehirn
So 19 / Mo 20			Kiefer, Ohren, Schilddrüse
Di 21 / Mi 22	▼ ◯		Arme, Hände, Schultern
Do 23 / Fr 24	◖		Magen, Leber, Brust, Galle
Sa 25 / So 26			Herz, Rücken, Blutkreislauf
Mo 27 / Di 28 / Mi 29			Verdauungsorgane, Nerven, Milz
Do 30 / Fr 31	▼		Hüfte, Nieren

Mondkalender für das Jahr 2000

Widder Stier Zwillinge  Krebs Löwe Jungfrau

Januar

Tag	Mond	Tierkreis-zeichen	Körperbereich
Sa 1 / So 2			Geschlechtsorgane, Harnleiter
Mo 3 / Di 4 / Mi 5			Oberschenkel, Venen
Do 6 / Fr 7	◗		Knie, Haut, Gelenke, Knochen
Sa 8 / So 9 / Mo 10			Unterschenkel, Venen
Di 11 / Mi 12			Füße, Zehen
Do 13 / Fr 14 / Sa 15			Kopf, Augen, Nase, Gehirn
So 16 / Mo 17			Kiefer, Ohren, Schilddrüse
Di 18 / Mi 19			Arme, Schultern
Do 20 / Fr 21	○		Brust, Lunge, Magen, Leber
Sa 22 / So 23	◐		Herz, Rücken, Blutkreislauf
Mo 24 / Di 25			Verdauungsorgane, Nerven, Milz
Mi 26 / Do 27			Hüfte, Nieren, Blase
Fr 28 / Sa 29 / So 30			Geschlechtsorgane, Harnleiter
Mo 31			Oberschenkel

Februar

Tag	Mond	Tierkreis-zeichen	Körperbereich
Di 1			Venen
Mi 2 / Do 3 / Fr 4			Knie, Haut, Gelenke, Knochen
Sa 5 / So 6	◗		Unterschenkel, Venen
Mo 7 / Di 8 / Mi 9			Füße, Zehen
Do 10 / Fr 11			Kopf, Augen, Nase, Gehirn
Sa 12 / So 13			Kiefer, Ohren, Schilddrüse
Mo 14 / Di 15			Arme, Hände, Schultern
Mi 16 / Do 17			Magen, Leber, Brust, Galle
Fr 18 / Sa 19	○		Herz, Rücken, Blutkreislauf
So 20 / Mo 21	◐		Verdauungsorgane, Nerven, Milz
Di 22 / Mi 23 / Do 24			Hüfte, Nieren, Blase
Fr 25 / Sa 26			Geschlechtsorgane, Harnleiter
So 27 / Mo 28 / Di 29			Oberschenkel, Venen

März

Tag	Mond	Tierkreis-zeichen	Körperbereich
Mi 1 / Do 2			Knie, Haut, Gelenke, Knochen
Fr 3 / Sa 4			Unterschenkel, Venen
So 5 / Mo 6 / Di 7	◗		Füße, Zehen
Mi 8 / Do 9			Kopf, Augen, Nase, Gehirn
Fr 10 / Sa 11			Kiefer, Ohren, Schilddrüse
So 12 / Mo 13			Arme, Hände, Schultern
Di 14 / Mi 15			Magen, Leber, Brust
Do 16 / Fr 17 / Sa 18			Herz, Rücken, Blutkreislauf
So 19 / Mo 20	○		Verdauungsorgane, Nerven
Di 21 / Mi 22	◐		Hüfte, Nieren, Blase
Do 23 / Fr 24			Geschlechtsorgane, Harnleiter
Sa 25 / So 26 / Mo 27			Oberschenkel, Venen
Di 28 / Mi 29			Knie, Haut, Gelenke, Knochen
Do 30 / Fr 31			Unterschenkel, Venen

Vollmond ○   **abnehmender Mond** ◔   **Neumond** ●   **zunehmender Mond** ◑

Waage ♎   **Skorpion** 🦂   **Schütze** ↗   **Steinbock** ♑   **Wassermann** ♒   **Fische** 🐟

April

Tag		Mond	Tierkreis-zeichen	Körperbereich
Sa	1			Unterschenkel
So	2			Füße, Zehen
Mo	3			
Di	4	●		Kopf, Augen, Nase, Gehirn
Mi	5	◑		
Do	6			Kiefer, Ohren, Schilddrüse
Fr	7			
Sa	8			Arme, Hände, Schultern
So	9			
Mo	10			
Di	11			Magen, Leber, Brust, Galle
Mi	12			
Do	13			Herz, Rücken, Blutkreislauf
Fr	14			
Sa	15			Verdauungsorgane, Nerven, Milz
So	16			
Mo	17	○		Hüfte, Nieren, Blase
Di	18			
Mi	19	◔		Geschlechtsorgane, Harnleiter
Do	20			
Fr	21			
Sa	22			Oberschenkel, Venen
So	23			
Mo	24			Knie, Haut, Gelenke, Knochen
Di	25			
Mi	26			
Do	27			Unterschenkel, Venen
Fr	28			
Sa	29			Füße, Zehen
So	30			

Mai

Tag		Mond	Tierkreis-zeichen	Körperbereich
Mo	1			Füße, Zehen
Di	2			Kopf, Augen, Nase, Gehirn
Mi	3			
Do	4	●		Kiefer, Ohren, Schilddrüse
Fr	5	◑		
Sa	6			Arme, Hände, Schultern
So	7			
Mo	8			Magen, Leber, Brust, Galle
Di	9			
Mi	10			Herz, Rücken, Blutkreislauf
Do	11			
Fr	12			Verdauungsorgane, Nerven, Milz
Sa	13			
So	14			Hüfte, Nieren, Blase
Mo	15			
Di	16			
Mi	17	○		Geschlechtsorgane, Harnleiter
Do	18			
Fr	19	◔		Oberschenkel, Venen
Sa	20			
So	21			
Mo	22			Knie, Haut, Gelenke, Knochen
Di	23			
Mi	24			Unterschenkel, Venen
Do	25			
Fr	26			
Sa	27			Füße, Zehen
So	28			
Mo	29			Kopf, Augen, Nase, Gehirn
Di	30			
Mi	31			Kiefer, Ohren

Juni

Tag		Mond	Tierkreis-zeichen	Körperbereich
Do	1			Schilddrüse
Fr	2	●		Arme, Hände, Schultern
Sa	3	◑		
So	4			Magen, Leber, Brust
Mo	5			
Di	6			Herz, Rücken, Blutkreislauf
Mi	7			
Do	8			Verdauungsorgane, Nerven, Milz
Fr	9			
Sa	10			Hüfte, Nieren, Blase
So	11			
Mo	12			
Di	13			Geschlechtsorgane, Harnleiter
Mi	14			
Do	15	○		Oberschenkel, Venen
Fr	16			
Sa	17			
So	18			Knie, Haut, Gelenke, Knochen
Mo	19			
Di	20			Unterschenkel, Venen
Mi	21			
Do	22			
Fr	23			Füße, Zehen
Sa	24			
So	25			Kopf, Augen, Nase, Gehirn
Mo	26			
Di	27			
Mi	28			Kiefer, Ohren Schilddrüse
Do	29			
Fr	30			Arme, Hände

Mondkalender für das Jahr 2000

Widder Stier 🐂 Zwillinge 👥 Krebs 🦀 Löwe 🦁 Jungfrau ♍

Juli

Tag	Mond	Tierkreis-zeichen	Körperbereich
Sa 1	○	Zwillinge	Schultern
So 2	☽	Krebs	Magen, Leber, Brust, Galle
Mo 3			
Di 4		Löwe	Herz, Rücken, Blutkreislauf
Mi 5			
Do 6		Jungfrau	Verdauungsorgane, Nerven, Milz
Fr 7			
Sa 8		Waage	Hüfte, Nieren, Blase
So 9			
Mo 10		Skorpion	Geschlechtsorgane, Harnleiter
Di 11			
Mi 12			
Do 13	☽	Schütze	Oberschenkel, Venen
Fr 14			
Sa 15	◐	Steinbock	Knie, Haut, Gelenke, Knochen
So 16			
Mo 17	◑		
Di 18		Wassermann	Unterschenkel, Venen
Mi 19			
Do 20		Fische	Füße, Zehen
Fr 21			
Sa 22			
So 23		Widder	Kopf, Augen, Nase, Gehirn
Mo 24			
Di 25		Stier	Kiefer, Ohren Schilddrüse
Mi 26			
Do 27		Zwillinge	Arme, Hände Schultern
Fr 28			
Sa 29	☽	Krebs	Magen, Leber Brust, Galle
So 30			
Mo 31	○	Löwe	Herz, Rücken

August

Tag	Mond	Tierkreis-zeichen	Körperbereich
Di 1	☽	Löwe	Blutkreislauf
Mi 2		Jungfrau	Verdauungsorgane, Nerven, Milz
Do 3			
Fr 4		Waage	Hüfte, Nieren
Sa 5			
So 6		Skorpion	Geschlechtsorgane, Harnleiter
Mo 7			
Di 8			
Mi 9		Schütze	Oberschenkel, Venen
Do 10			
Fr 11		Steinbock	Knie, Haut, Gelenke, Knochen
Sa 12			
So 13			
Mo 14		Wassermann	Unterschenkel, Venen
Di 15	○		
Mi 16	☾	Fische	Füße, Zehen
Do 17			
Fr 18			
Sa 19	◐	Widder	Kopf, Augen, Nase, Gehirn
So 20			
Mo 21		Stier	Kiefer, Ohren, Schilddrüse
Di 22			
Mi 23		Zwillinge	Arme, Hände, Schultern
Do 24			
Fr 25		Krebs	Magen, Leber, Brust, Galle
Sa 26			
So 27		Löwe	Herz, Rücken, Blutkreislauf
Mo 28	☽		
Di 29	○	Jungfrau	Verdauungsorgane, Nerven, Milz
Mi 30	◑		
Do 31			

September

Tag	Mond	Tierkreis-zeichen	Körperbereich
Fr 1		Waage	Hüfte, Nieren Blase
Sa 2			
So 3		Skorpion	Geschlechtsorgane, Harnleiter
Mo 4			
Di 5		Schütze	Oberschenkel, Venen
Mi 6			
Do 7			
Fr 8		Steinbock	Knie, Haut, Gelenke, Knochen
Sa 9			
So 10		Wassermann	Unterschenkel, Venen
Mo 11			
Di 12	☽		
Mi 13	◐	Fische	Füße, Zehen
Do 14			
Fr 15		Widder	Kopf, Augen Nase, Gehirn
Sa 16			
So 17		Stier	Kiefer, Ohren, Schilddrüse
Mo 18			
Di 19			
Mi 20		Zwillinge	Arme, Hände, Schultern
Do 21			
Fr 22		Krebs	Magen, Leber, Brust, Galle
Sa 23			
So 24		Löwe	Herz, Rücken, Blutkreislauf
Mo 25			
Di 26	○	Jungfrau	Verdauungsorgane, Nerven
Mi 27			
Do 28	☽	Waage	Hüfte, Nieren, Blase
Fr 29			
Sa 30	☽	Skorpion	Geschlechtsorgane

| Vollmond | ○ | abnehmender Mond | ☽ | Neumond | ● | zunehmender Mond | ☽ |

Waage  Skorpion 🦂 Schütze  Steinbock  Wassermann Fische 🐟

Oktober

Tag	Mond	Tierkreis-zeichen	Körperbereich
So 1		🦂	Harnleiter
Mo 2 / Di 3 / Mi 4		⟋	Oberschenkel, Venen
Do 5 / Fr 6		♑	Knie, Haut, Gelenke, Knochen
Sa 7 / So 8 / Mo 9		♒	Unterschenkel, Venen
Di 10 / Mi 11		🐟	Füße, Zehen
Do 12 / Fr 13 / Sa 14	◑	🌀	Kopf, Augen, Nase, Gehirn
So 15 / Mo 16		🐂	Kiefer, Ohren, Schilddrüse
Di 17 / Mi 18		👬	Arme, Hände, Schultern
Do 19 / Fr 20		🦀	Magen, Leber, Brust, Galle
Sa 21 / So 22		🦁	Herz, Rücken, Blutkreislauf
Mo 23 / Di 24		♍	Verdauungsorgane, Nerven, Milz
Mi 25 / Do 26 / Fr 27	○	♎	Hüfte, Nieren, Blase
Sa 28 / So 29	☽	🦂	Geschlechtsorgane, Harnleiter
Mo 30 / Di 31		⟋	Oberschenkel, Venen

November

Tag	Mond	Tierkreis-zeichen	Körperbereich
Mi 1 / Do 2 / Fr 3		♑	Knie, Haut, Gelenke, Knochen
Sa 4 / So 5		♒	Unterschenkel, Venen
Mo 6 / Di 7 / Mi 8		🐟	Füße, Zehen
Do 9 / Fr 10		🌀	Kopf, Augen, Nase, Gehirn
Sa 11 / So 12	◑	🐂	Kiefer, Ohren, Schilddrüse
Mo 13 / Di 14		👬	Arme, Hände, Schultern
Mi 15 / Do 16		🦀	Magen, Leber, Brust, Galle
Fr 17 / Sa 18		🦁	Herz, Rücken, Blutkreislauf
So 19 / Mo 20 / Di 21		♍	Verdauungsorgane, Nerven, Milz
Mi 22 / Do 23		♎	Hüfte, Nieren
Fr 24 / Sa 25		🦂	Geschlechtsorgane, Harnleiter
So 26 / Mo 27 / Di 28	○ ☽	⟋	Oberschenkel, Venen
Mi 29 / Do 30		♑	Knie, Haut, Gelenke, Knochen

Dezember

Tag	Mond	Tierkreis-zeichen	Körperbereich
Fr 1 / Sa 2 / So 3		♒	Unterschenkel, Venen
Mo 4 / Di 5		🐟	Füße, Zehen
Mi 6 / Do 7		🌀	Kopf, Augen, Nase, Gehirn
Fr 8 / Sa 9 / So 10	○	🐂	Kiefer, Ohren, Schilddrüse
Mo 11 / Di 12	◑	👬	Arme, Hände, Schultern
Mi 13 / Do 14		🦀	Magen, Leber, Brust, Galle
Fr 15 / Sa 16		🦁	Herz, Rücken, Blutkreislauf
So 17 / Mo 18		♍	Verdauungsorgane, Nerven, Milz
Di 19 / Mi 20		♎	Hüfte, Nieren
Do 21 / Fr 22		🦂	Geschlechtsorgane, Harnleiter
Sa 23 / So 24 / Mo 25	○	⟋	Oberschenkel, Venen
Di 26 / Mi 27	◑	♑	Knie, Haut, Gelenke, Knochen
Do 28 / Fr 29 / Sa 30		♒	Unterschenkel, Venen
So 31		🐟	Füße, Zehen

Sanfte Fitneß-Programme

Helmut Reichardt
Schongymnastik
bei Rückenbeschwerden
Gezielte Dehn- und Kräftigungsübungen,
die Wirbelsäulenbeschwerden und muskuläre Ungleichgewichte kurieren; leicht
nachvollziehbare Trainingsprogramme,
die ohne Hilfsmittel allein durchgeführt
werden können.

Urs Geiger/Caius Schmid
Muskeltraining
mit dem Thera-Band
Benutzung, Eigenschaften, therapeu-
tische und leistungsorientierte An-
wendungsbereiche, Übungsintensität,
Trainingsprogramme für die Muskulatur
der Arme, des Rumpfes und der Beine.

Anita Bean/Peggy Wellington
Sporternährung für Frauen
Nährstoffbedarf, der weibliche Zyklus,
Osteoporose, Ernährung beim Mann-
schaftssport, Gewichtskontrolle, Strate-
gien zum Abnehmen, Körperbild und
Eßstörungen, Wettkampfvorbereitung,
Tagespläne und Rezepte für Snacks usw.

Helmut Reichardt
Schongymnastik
Übungsvorschläge und Trainings-
programme für eine funktionelle
Gymnastik, die Gelenke, Bänder und
Muskeln schont; Linderung von Alltags-
beschwerden, Vorbeugung einseitiger
Belastungen im Leistungssport.

Monika Nienaber
Wassergymnastik
Wassergymnastik als Fitneß- und Aus-
gleichssport für jedermann, als Therapie-
form bei verschiedenen Erkrankungen
und als sportartspezifisches Training.

Im BLV Verlag Garten und Zimmerpflanzen • Wohnen und Gestalten • Natur • Heimtiere • Jagd •
finden Sie Bücher Angeln • Pferde und Reiten • Sport und Fitneß • Tauchen • Reise • Wandern,
zu folgenden Themen: Alpinismus, Abenteuer • Essen und Trinken • Gesundheit und Wohlbefinden

Wenn Sie ausführliche Informationen wünschen, schreiben Sie bitte an:
BLV Verlagsgesellschaft mbH • Postfach 40 03 20 • 80703 München
Telefon 089 / 12705-0 • Telefax 089 / 12705-543